让编程更简单

Make programming easier

www.mingrisoft.com

让编程更简单

Make programming easier

www.mingrisoft.com

Python

全彩版

明日科技 · 编著

模块参考手册 · 日期与时间

吉林大学出版社

内容简介

本书全面、系统地介绍了使用 Python 对日期与时间进行操作的 time 模块、datetime 模块和 calendar 模块。全书分为三部分共 16 章，其中，第一部分为 time 模块（时钟与时间），主要包括术语和常量、时间戳相关操作、时钟与计数器、格式化时间等内容；第二部分为 datetime 模块（日期和时间），主要包括格式化日期时间、时间相关、日期相关、星期相关、日期和时间相关、UTC 与时间差相关、时区与夏令时相关等内容；第三部分为 calendar 模块（日历相关操作），主要包括属性与时间戳、闰年及星期相关方法、返回日期迭代器、返回日期列表、获取或显示日历等内容。本书以模块应用为主线，通过大量的快学快用，帮助读者透彻理解 time 模块、datetime 模块和 calendar 模块的属性、方法及其应用。

本书附赠配套资源包及数字电子书。资源包提供了书中所有快学快用的源代码和关键代码段，且所有源代码都经过了精心调试，在 Windows 7\Windows 10 系统中测试通过，保证能够正常运行。

本书是各级 Python 程序开发人员必备的参考书，也非常适合大中专院校师生学习参考。此外，登录明日学院网站（www.mingrisoft.com）还可以获得更多学习资源和技术支持。

图书在版编目（CIP）数据

Python 模块参考手册 . 日期与时间 / 明日科技编著 . -- 长春 : 吉林大学出版社 , 2020.4
ISBN 978-7-5692-6232-2

Ⅰ . ① P… Ⅱ . ①明… Ⅲ . ①软件工具－程序设计 Ⅳ . ① TP311.561

中国版本图书馆 CIP 数据核字 (2020) 第 046053 号

书　　名：Python 模块参考手册 · 日期与时间
Python MOKUAI CANKAO SHOU CE · RIQI YU SHIJIAN

作　　者：明日科技 编著
策划编辑：殷丽爽　　责任编辑：殷丽爽
责任校对：张宏亮　　装帧设计：明日科技
出版发行：吉林大学出版社
社　　址：长春市人民大街 4059 号　　邮政编码：130021
发行电话：0431-89580026/28/29
网　　址：http://www.jlup.com.cn　　电子邮箱：jdcbs@jlu.edu.cn
印　　刷：长春天行健印刷有限公司
开　　本：850mm×1100mm　1/16　　印　　张：15
字　　数：200 千字　　版　　次：2020 年 4 月第 1 版
书　　号：ISBN 978-7-5692-6232-2　　印　　次：2020 年 4 月第 1 次
定　　价：69.00 元

前　言

Python 是一种可以跨平台的、开源的、免费的、解释型编程语言，因其语法简洁、开发效率高、功能强大，已成为目前最受欢迎的编程语言。在 Python 中内置了 time 模块、datetime 模块和 calendar 模块，用于对日期和时间进行操作。但由于这三个模块提供的属性和方法非常之多，开发者在编写 Python 程序时，想要全部记下来，费时费力！为了满足广大 Python 开发者的需求，本书提供了有关 time 模块、datetime 模块和 calendar 模块的全部类、属性及方法，知识点共计 125 个，快学快用 238 个，可以方便读者随时查询参考，下载资源包中提供了全部代码，复制粘贴即可使用，本书是您开发学习必备的参考工具书。

➔ 本书内容

全书分为三部分共 16 章，主要讲解了使用 Python 进行日期与时间操作的各类知识。本书的知识结构如下图所示。

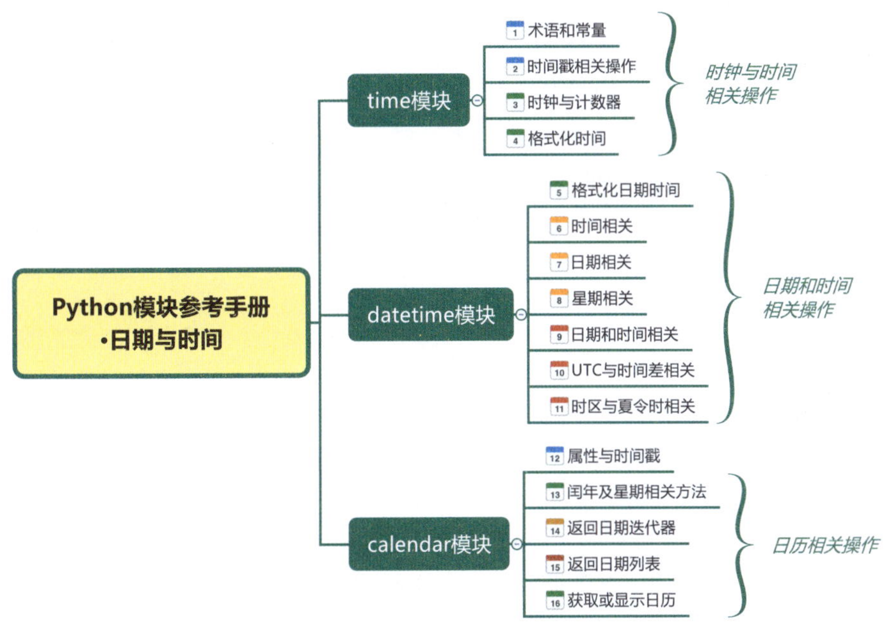

➔ 本书特色

» 系统全面、即查即用

本书从开发者实际应用入手，系统、全面地介绍了使用 3 大时间模块进行日期与时间操作所需掌握的类、方法与属性，具有很强的参考价值。

» 快学快用、提升技能

本书针对具体的知识点，提供了大量从实际项目中筛选的快学快用。通过本书，读者不仅可以快速查询相关技术，还能掌握其实际应用的方法和技巧。

» 关键代码、提高效率

本书每个属性和方法都提供了“关键代码段”，并标出了代码在资源中的具体位置，读者可以直接将代码复制到自己的项目中修改使用，提高开发效率。

» 快用标签、快速使用

本书中的每个属性和方法都提供了“快用标签”和“最常用”等实用栏目，使读者能够更加方便、快速地查找相应技术的应用场景，并根据自己的需求选择合适的使用方法。

➔ 读者对象

- 初、中、高等各级 Python 开发人员
- 需要进行查阅和参考资料的开发人员
- 大中专院校或相关培训机构师生

➔ 读者服务

为方便解决读者在学习本书过程中遇到的疑难问题以及获取更多图书配套资源，我们在明日学院网站（www.mingrisoft.com）为您提供了社区服务和配套学习服务支持。此外，我们还提供了质量反馈邮箱及售后服务电话等，如图书有质量问题，可以及时联系我们，我们将竭诚为您服务。

- 质量反馈邮箱：mingrisoft@mingrisoft.com
- 售后服务电话：400 675 1066
- 微信公众号：明日 IT 部落

➔ 致读者

本书由明日科技 Python 开发团队策划并组织编写，主要编写人员有王国辉、李磊、高春艳、李再天、冯春龙、施伟、赛奎春、王小科、申小琦、赵宁、张鑫、周佳星、李菁菁、何平、庞凤、谭畅、胡冬、梁英、刘媛媛、宋磊、依莹莹、杨柳、张宝华、岳彩龙、张悦、牛秀丽、葛忠月、张颖鹤、迟爽、徐丹、李春林、王欢、卞昉、宋万勇、王萍、杨丽、程瑞红、宋禹蒙、李颖、钟成浩、吕学丽、吴晶鑫、王艺瞳等。在编写本书的过程中，我们本着科学、严谨的态度，力求精益求精，但疏漏之处在所难免，敬请广大读者批评指正。

感谢您阅读本书，希望本书能成为您编程路上的良师益友。祝您读书快乐！

编 者

2020 年 4 月

如何使用本书

➔ 激活本书学习码

第一步：刮开封底的“在线学习码”（如图 1 所示），用手机扫描二维码（如图 2 所示），进入如图 3 所示的登录页面。如果您有明日学院会员账号可直接登录并进行激活，如果没有可单击图 3 所示的“立即注册”成为明日学院会员。

图 1　在线学习码

图 2　激活学习码网址及二维码

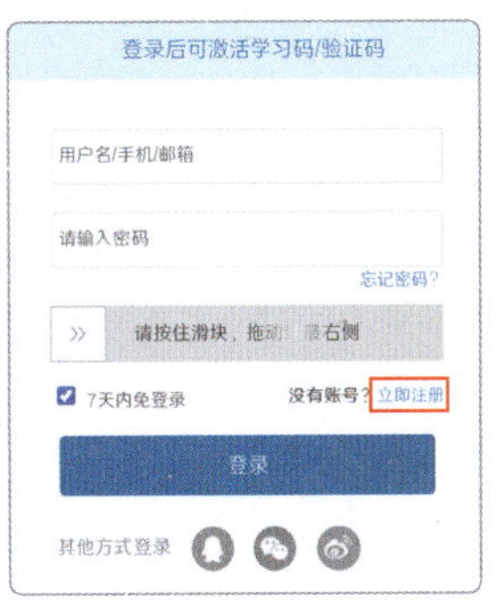

图 3　扫码后弹出的登录页面

第二步：登录后，进入如图 4 所示的激活页面，在“激活图书 VIP 会员”后输入封底的学习码，单击“立即激活”，成为本书的“图书 VIP 会员”，专享明日学院提供的有关本书的服务。

第三步：学习码激活成功后，还可以查看激活记录，如果需要下载本书的资源，请单击如图 5 所示的云盘资源地址，输入密码后即可完成下载。

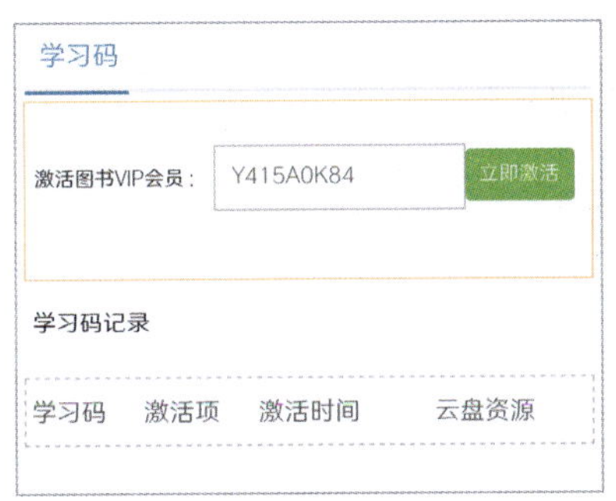

图 4　激活页面

图 5　云盘资源

➔ 本书特别说明

➢ 为了让读者能够更快地使用“关键代码段”，本书在每行代码的后面都标注了代码的出处，其中，【快】表示出自“快学快用”，“【快 1】”表示出自“快学快用 1”，“【快 2】”表示出自“快学快用 2”，依次类推。

```
print(time.ctime())                        # 使用ctime()方法输出表示本地时间的字符串【快1】
print(time.ctime(1564383417.9643884))      # 打印指定时间戳对应的字符串【快2】
datetime.datetime.strptime(t, '%a %b %d %H:%M:%S %Y')  # 格式化为指定格式【快4】
```

➢ 对书中的重点部分进行了特殊的颜色标注，读者可以一目了然地掌握核心内容。

快学快用 3　提取指定月份中所有星期一的日期

日常生活中，经常会有值班、值日的情况，如每个月的星期一值班。为了便于排班，下面通过给定的月份，从中提取该月份所有星期一的日期，主要通过 weekday() 方法结合 Calendar 类实现。

首先使用 Calendar 类的 itermonthdates() 方法获取 2020 年 8 月的日期（其中包含该月份开始的周与结束周的日期），然后使用 weekday() 方法获取星期码，将符合 0（即星期一）的所有日期提取出来并存放在列表中。代码如下：

➔ 本书源码使用方法

本书源码以资源包形式提供，读者在激活图书封底学习码后，即可下载本书资源包，对其进行解压，解压后的文件夹中有一个 Code 文件夹和一个 KeyCode 文件夹。其中，Code 文件夹存放的是本书所有“快学快用”的源码文件；KeyCode 文件夹存放的是本书所有章节的关键代码，其结构如下图所示：

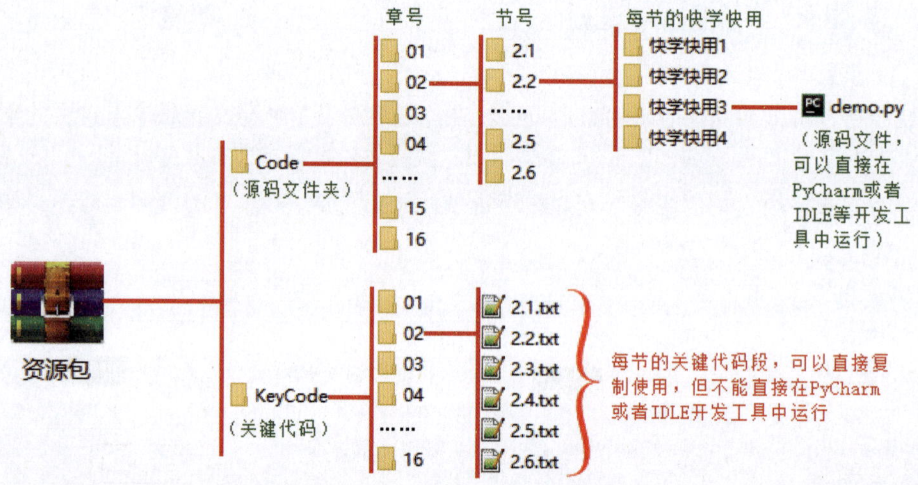

➔ 本书特别约定

推荐操作系统及环境		开发工具	
Windows 10			
Windows 10	Python 3.x	PyCharm	IDLE

目录

time 模块——时钟与时间

01

time模块——时钟与时间

time模块提供了各种与时钟和时间相关的方法，主要用于根据时间戳返回时间、获取当前时间的时间戳、获取时钟信息、获取计数器、格式化日期和时间等。

第1章 术语和常量

1.1 时间戳

快用标签 time()

最常用 time()，获取时间戳。

关键代码段

```
print(time.time())            # 获取当前时间的时间戳【快】
```

➔ 语法

时间戳（timestamp）表示的是从 1970 年 1 月 1 日 00:00:00 开始按秒计算的偏移量。也就是指格林尼治时间 1970 年 01 月 01 日 00 时 00 分 00 秒（北京时间 1970 年 01 月 01 日 08 时 00 分 00 秒）起至现在的总秒数。它返回的是 float 类型，但是 1970 年之前的日期就无法用时间戳来表示，太遥远的日期也无法用时间戳表示，UNIX 和 Windows 只支持到 2038 年。语法如下：

```
time.time()
```

参数说明：

❖ 返回值：返回当前时间的时间戳。

➔ 应用

快学快用 通过 time 模块中 time() 方法获取当前时间的时间戳

导入 time 模块，然后通过 time 模块调用 time() 方法获取当前时间的时间戳。代码如下：

```
import time                   # 导入time模块
print(time.time())            # 获取当前时间的时间戳
```

输出结果为：

```
1564106275.041832
```

1.2 时间元组

在 Python 中，使用 9 个元素组成的元组来处理时间，我们称之为时间元组（struct_time 元组），时间元组中 9 个元素分别为：年、月、日、时、分、秒、一周中的第几日、一年中的第几日、夏令时。struct_time 元组的含义及属性如表 1.1 所示。

表 1.1 struct_time 元组的含义及属性

索 引	属 性	含 义	值
0	tm_year	年	完整年份，如 2018
1	tm_mon	月	1~12
2	tm_mday	日	1~31
3	tm_hour	时	0~23
4	tm_min	分	0~59
5	tm_sec	秒	0~61（60 或 61 是闰秒）
6	tm_wday	一周中的第几日	0~6（0 代表星期一）
7	tm_yday	一年中的第几日	1~366
8	tm_isdst	是否为夏令时	-1、0、1、值为 1 时是夏令时，值为 0 时不是夏令时，默认值为 -1

快学快用 通过 time 模块中 localtime() 方法获取当地时间的时间元组

导入 time 模块，然后通过 time 模块调用 localtime() 方法获取当地时间的时间元组。代码如下：

```
import time                        # 导入time模块
print(time.localtime())            # 接收时间戳并返回当地时间的时间元组
```

输出结果为：

```
time.struct_time(tm_year=2020, tm_mon=5, tm_mday=20, tm_hour=15, tm_min=30, tm_sec=52,
tm_wday=2, tm_yday=141, tm_isdst=0)
```

说明：当前时间为 2020 年，5 月，20 日，15 时，30 分，52 秒，星期三，一年中的第 141 天，不是夏令时。

说明：localtime() 方法的详细讲解参考本书 2.5 节。

1.3 格式化时间的字符串

Python 中一些常用的时间日期格式化符号如表 1.2 所示。

表 1.2　常用的时间日期格式化符号

格　式	含　义	取　值
%Y	完整年份	000~9999，如 2018
%y	去掉世纪的年份	00~99，如 18
%m	月份	01~12
%d	该月的第几日	01~31
%j	该年中的第几天	001~366
%w	该星期中的第几天	0~6，星期日为一个星期的开始
%W	该年中的第几个星期	00~53，星期一为一个星期的开始
%U	该年中的第几个星期	00~53，星期日为一个星期的开始
%H	该日的第几个小时（24 小时制）	00~23
%I	该日的第几个小时（12 小时制）	01~12
%M	分钟	00~59
%S	秒	00~61，注：出于历史原因支持值 61
%a	本地简写星期名称	简写英文星期，参见表 1.3
%A	本地完整星期名称	完整英文星期，参见表 1.3
%b	本地简写月份名称	简写英文月份，参见表 1.4
%B	本地完整月份名称	完整英文月份，参见表 1.4
%c	本地日期和时间	如 Fri Dec 14 11:14:42 2018
%x	本地日期	月 / 日 / 年，如 12/14/18
%X	本地时间	时 : 分 : 秒，如 11:10:18
%p	上午或下午	AM 或 PM
%Z	当前时区的名称	如果不存在则为空字符
%%	% 符号	% 符号

完整英文星期名称和简写英文星期名称如表 1.3 所示。

表 1.3　完整英文星期名称和简写英文星期名称

星　期	完整英文星期名称	简写英文星期名称
星期一	Monday	Mon
星期二	Tuesday	Tue
星期三	Wednesday	Wed

续表

星　　期	完整英文星期名称	简写英文星期名称
星期四	Thursday	Thu
星期五	Friday	Fri
星期六	Saturday	Sat
星期日	Sunday	Sun

完整英文月份名称和简写英文月份名称如表 1.4 所示。

表 1.4 完整英文月份名称和简写英文月份名称

月　　份	完整英文月份名称	简写英文月份名称
一月	January	Jan
二月	February	Feb
三月	March	Mar
四月	April	Apr
五月	May	May
六月	June	Jun
七月	July	Jul
八月	August	Aug
九月	September	Sep
十月	October	Oct
十一月	November	Nov
十二月	December	Dec

快学快用　通过 time 模块中 strftime() 方法来格式化日期与时间

导入 time 模块，然后通过 time 模块调用 strftime() 方法格式化输出“年 - 月 - 日 时 : 分 : 秒”。代码如下：

```
import time                                   # 导入time模块
print(time.strftime('%Y-%m-%d %H:%M:%S'))    # 输出年-月-日 时:分:秒
```

输出结果为：

```
2020-05-20 15:06:12
```

说明： strftime() 方法的详细讲解参考本书 4.4 节。

1.4 altzone 常量——获取夏令时时区的偏移量（秒为单位）

快用标签 altzone

最常用 altzone，获取夏令时时区的偏移量。

关键代码段

```
print('本地夏令时时区的偏移秒数为：',time.altzone)    # 夏令时时区的偏移量【快】
```

语法

调用 time 模块中的 altzone 常量将返回本地夏令时时区的偏移秒数，如果该地区在 UTC 东部会返回负值，对夏令时启用的地区才可以使用。语法如下：

```
time.altzone
```

参数说明：

❖ 返回值：调用该常量将返回本地夏令时时区的偏移秒数。

说明： UTC（Coordinated Universal Time）指的是世界协调时间（又称世界标准时间、世界统一时间），世界协调时间以原子时秒长为基础，在时刻上尽量接近于世界时的一种时间计量系统。

应用

快学快用 获取本地夏令时时区的偏移秒数

调用 altzone 常量，获取本地夏令时时区偏移的秒数。代码如下：

```
import time                                         # 导入time模块
print('本地夏令时时区的偏移秒数为：',time.altzone)
```

输出结果为：

```
本地夏令时时区的偏移秒数为：-32400
```

1.5 daylight 常量——获取是否定义了夏令时时区

快用标签 daylight

最常用 daylight，获取是否定义了夏令时时区。

关键代码段

```
print('确认定义夏令时时区的返回值为:',time.daylight)        # 是否定义了夏令时时区【快】
```

➔ 语法

调用 time 模块中的 daylight 常量，可以获取是否定义了夏令时时区。语法如下：

```
time.daylight
```

参数说明：

❖ 返回值：调用该常量将获取是否定义了夏令时，如果定义了夏令时的时区将返回 1，默认为 0。

➔ 应用

快学快用 确认定义的夏令时时区

将计算机系统时间设置为正处于夏令时的时区，如图 1.1 所示。

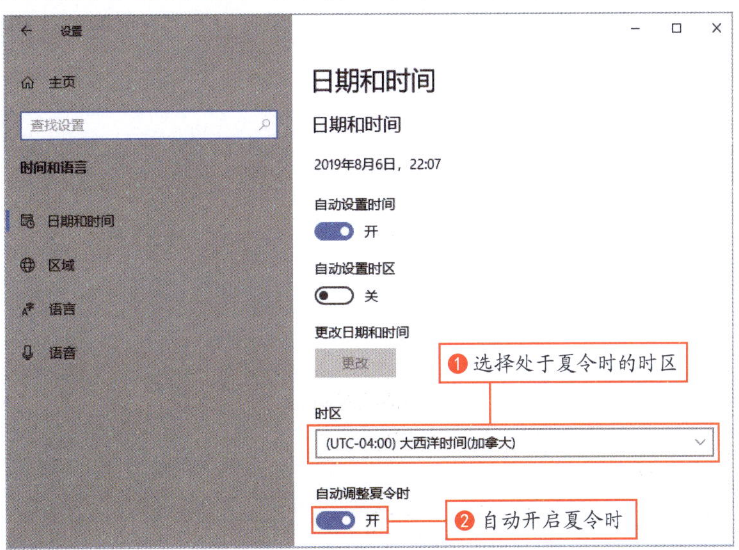

图 1.1 设置夏令时时区

然后调用 daylight 常量，获取当前系统时区是否定义了夏令时时区。代码如下：

```
import time                                                       # 导入time模块
print('确认定义夏令时时区的返回值为:',time.daylight)
```

输出结果为：

```
确认定义夏令时时区的返回值为:1
```

1.6 timezone 常量——获取非夏令时时区的偏移量（秒为单位）

快用标签 timezone

最常用 timezone，获取非夏令时时区的偏移量。

关键代码段

```
print('北京非夏令时时区的偏移量为：',time.timezone,'秒')  # 获取非夏令时时区的偏移量【快】
```

➔ 语法

调用 time 模块中的 timezone 常量将返回本地非夏令时时区的偏移秒数（西欧大部分地区与亚洲为负，美国为正，英国为零），且对非夏令时的地区才可以使用。语法如下：

```
time.timezone
```

参数说明：

❖ 返回值：调用该常量将返回非夏令时时区的偏移秒数。

➔ 应用

快学快用 获取北京时区的偏移秒数

将计算机系统时间设置为“（UTC+08:00）北京，重庆，香港特别行政区，乌鲁木齐”时区，如图 1.2 所示。

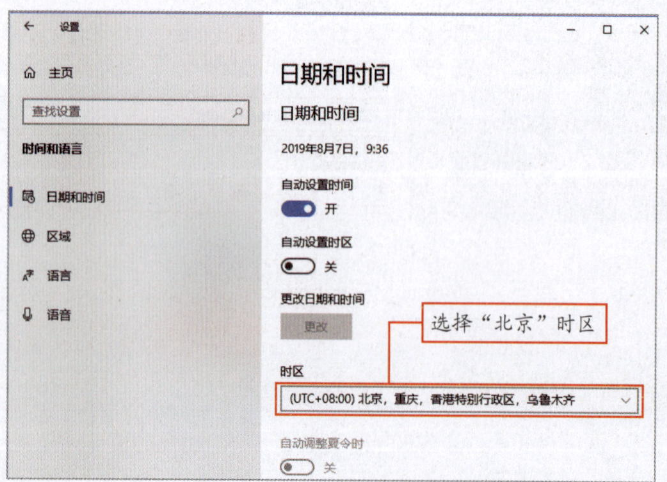

图 1.2 设置“北京”时区

然后调用 timezone 常量，获取非夏令时时区的偏移量。代码如下：

```
import time                          # 导入time模块
print('北京非夏令时时区的偏移量为：',time.timezone,'秒')
```

输出结果为：

```
北京非夏令时时区的偏移量为：-28800 秒
```

1.7 tzname 常量——返回标准时区名称与夏令时时区名称所组成的元组

快用标签 timezone　encode()　decode()

最常用 tzname，返回标准时区名称与夏令时时区名称所组成的元组。

关键代码段

```
print('返回的元组信息为：',tz)          # 获取计算机当前标准时区与夏令时时区名称【快】
# 由于返回的元组信息为乱码，所以需要进行编码后输出
print('标准时区名称为：',tz[0].encode('latin-1').decode('gbk'))
print('夏令时时区名称为：',tz[1].encode('latin-1').decode('gbk'))
```

➔ 语法

调用 time 模块中的 tzname 常量将返回包含两个字符串的元组，该元组中的第一个值为本地非夏令时时区名称，第二个值为本地夏令时时区名称。语法如下：

```
time.tzname
```

参数说明：

❖ 返回值：调用该常量将返回标准时区名称与夏令时时区名称所组成的元组。

➔ 应用

快学快用　获取计算机当前标准时区与夏令时时区名称

调用 tzname 常量，由于返回的元组信息为乱码，所以需要进行编码后输出。代码如下：

```
import time                          # 导入time模块
tz=time.tzname                       # 获取计算机当前标准时区与夏令时时区名称
```

```
print('返回的元组信息为：',tz)
# 由于返回的元组信息为乱码，所以需要进行编码后输出
print('标准时区名称为：',tz[0].encode('latin-1').decode('gbk'))
print('夏令时时区名称为：',tz[1].encode('latin-1').decode('gbk'))
```

输出结果为：

```
返回的元组信息为：('ÖÐ¹ú±ê×¼Ê±¼ä', 'ÖÐ¹úÏÄÁîÊ±')
标准时区名称为：中国标准时间
夏令时时区名称为：中国夏令时
```

第2章　时间戳相关操作

2.1　ctime() 方法——接收时间戳并返回一个字符串

快用标签　ctime()　time()　asctime()　strptime()

最常用　ctime()，将当前时间秒数转换为字符串。

关键代码段

```
print(time.ctime())                           # 使用ctime()方法输出表示本地时间的字符串【快1】
print(time.ctime(1564383417.9643884))         # 打印指定时间戳对应的字符串【快2】
time.mktime(time_array)                       # 转换为时间戳【快3】
datetime.datetime.strptime(t, '%a %b %d %H:%M:%S %Y')  # 格式化为指定格式【快4】
```

➔ 语法

ctime() 方法把一个时间戳（按秒计算的浮点数）转化为可读的长度为 24 个字符的字符串（如 Wed May 20 15:41:56 2020），它的作用相当于 asctime(localtime(secs))。语法如下：

```
time.ctime([secs])
```

参数说明：

- secs：要转换为字符串时间的秒数；如果没有该参数或参数为 None，将会默认使用 time.time() 的时间戳作为参数，此时，ctime() 方法的作用相当于 asctime(localtime(secs))。
- 返回值：以时间戳为参数，返回一个字符串。

说明： 关于 asctime(localtime(secs)) 方法的详细介绍请参见 4.1 节。

➔ 应用

快学快用 1　获取本地时间戳对应的时间字符串

下面分别使用 ctime() 方法和 asctime() 方法输出本地时间戳对应的时间字符串，代码如下：

```
import time                    # 导入time模块
print(time.ctime())            # 使用ctime()方法输出表示本地时间的字符串
print(time.asctime())          # 使用asctime()方法输出表示本地时间的字符串
```

输出结果为：

```
Wed May 20 15:41:56 2020
Wed May 20 15:41:56 2020
```

快学快用 2　获取指定时间戳对应的时间字符串

使用 ctime() 方法以指定的时间戳为参数返回时间字符串，代码如下：

```
import time                              # 导入time模块
print(time.ctime(1589683418.9643884))    # 打印指定时间戳对应的字符串
```

输出结果为：

```
Sun May 17 10:43:38 2020
```

快学快用 3　将时间字符串转换为时间戳

在使用 ctime() 方法将当前时间戳转换为时间字符串后，如果再将其转换为时间戳，就需要先转换为时间数组。代码如下：

```
import time
now = time.time()                        # 获取当前时间戳
print(now)
now_str = time.ctime(now)                # 转换为字符串
print(now_str)
time_array = time.strptime(now_str)      # 转换为时间数组
print(time_array)
now_mkt = time.mktime(time_array)        # 转换为时间戳
print(now_mkt)
```

输出结果为：

```
1589960784.4218981
Wed May 20 15:46:24 2020
time.struct_time(tm_year=2020, tm_mon=5, tm_mday=20, tm_hour=15, tm_min=46, tm_sec=24,
tm_wday=2, tm_yday=141, tm_isdst=-1)
1589960784.0
```

快学快用 4　格式化时间字符串

使用 ctime() 方法获取的时间字符串格式为“Sun May 17 10:13:16 2020”，如果要将其格式化为“2020-05-17 10:13:16”可以使用如下方法：

```
import time
import datetime
t = time.ctime()
print(t)
```

```
    f = datetime.datetime.strptime(t, '%a %b %d %H:%M:%S %Y')  # 格式化为指定格式
    print(f)
```

输出结果为：

```
Sun May 17 10:24:10 2020
2020-05-17 10:24:10
```

快学快用 5　记录创建文件的时间

将 HTML 内容写入文件，并在 HTML 文件底部记录写入时间。代码如下：

```
import time

def save_html_code(html_file_name, htmlcode):
    # 在HTML文件底部追加写入日期
    htmlcode += "\n<br>\ncreated on %s" % time.ctime()
    print("save html file:", html_file_name, "on %s" % time.ctime())
    # 操作文件
    f = open(html_file_name, "w")
    f.write("%s" % htmlcode)
    f.close()

if __name__ == "__main__":
    # HTML代码
    htmlcode = """
<!DOCTYPE html>
<html lang="en">
<head>
    <meta charset="UTF-8">
    <title>Title</title>
</head>
<body>
    <h1>hello world</h1>
</body>
</html>
    """
    # 写入到HTML文件
    save_html_code('test.html',htmlcode)
```

输出结果为：

```
save html file: test.html on Tue May 19 15:45:33 2020
```

打开创建的 test.html 文件，如图 2.1 所示。

```
test.html
<!DOCTYPE html>
<html lang="en">
<head>
    <meta charset="UTF-8">
    <title>Title</title>
</head>
<body>
    <h1>hello world</h1>
</body>
</html>

<br>
created on Tue May 19 15:45:33 2020
```

图 2.1 在创建的 test.html 文件中追加时间

2.2 mktime() 方法——接收时间元组并返回时间戳

快用标签 mktime() localtime() timetuple() datetime() date() datetime date

最常用 time.mktime(t)，其中，t 表示结构化的时间或者完整的 9 位元组元素。

关键代码段

```
print(time.mktime(t))                      # 以时间元组作为参数并返回时间戳【快1】
print('返回的时间戳为：',time.mktime(t))      # 以本地当前时间的时间元组为参数返回时间戳【快2】
time.mktime(timetuple)                     # 将时间元组转换为时间戳【快3】
```

➔ 语法

time 模块中的 mktime() 方法执行与 gmtime() 和 localtime() 相反的操作，它接收 struct_time 对象作为参数，返回用秒数来表示时间的浮点数。如果输入的值不是一个合法的时间，将触发 OverflowError 或 ValueError 错误。语法如下：

```
time.mktime(t)
```

参数说明：

- t：结构化的时间或者完整的 9 位元组元素。
- 返回值：返回用秒数来表示时间的浮点数。

➔ 应用

快学快用 1 获取指定时间元组所返回的时间戳

使用 mktime() 方法以指定的时间元组为参数返回时间戳，代码如下：

```
import time                                  # 导入time模块
t=(2018,12,13,21,36,54,3,347,0)              # 创建一个名称为t的时间元组
print(time.mktime(t))                        # 以时间元组作为参数并返回时间戳
```

输出结果为：

```
1544708214.0
```

注意： 如果传入的值不是一个合法的时间元组，将触发 OverflowError 或 ValueError 错误异常。

快学快用 2　获取本地当前时间的时间元组所返回的时间戳

首先使用 localtime() 方法获取本地当前时间的时间元组，然后将获取的时间元组作为 mktime() 方法的参数并返回时间戳。代码如下：

```
import time                                  # 导入time模块
t=time.localtime()                           # 获取本地当前时间的时间元组
print('本地当前时间的时间元组为：',t)          # 输出本地当前时间的时间元组
print('返回的时间戳为：',time.mktime(t))      # 以本地当前时间的时间元组为参数返回时间戳
```

输出结果为：

```
本地当前时间的时间元组为： time.struct_time(tm_year=2020, tm_mon=5, tm_mday=20, tm_hour=16,
tm_min=21, tm_sec=59, tm_wday=2, tm_yday=141, tm_isdst=0)
返回的时间戳为： 1589962919.0
```

快学快用 3　将指定时间转换为时间戳

将指定的时间转换为时间戳最大的难点在于 mktime() 方法只接收时间元组类型的参数，所以需要先将指定的时间转换为时间元组。代码如下：

```
import datetime
import time
dt = datetime.datetime(2020, 5, 20)          # 获取datetime对象
print(dt)
timetuple = dt.timetuple()                   # 转换为时间元组
print('时间元组为：', timetuple)
epoch = time.mktime(timetuple)               # 将时间元组转换为时间戳
print(epoch)
```

输出结果为：

```
2020-05-20 00:00:00
时间元组为： time.struct_time(tm_year=2020, tm_mon=5, tm_mday=20, tm_hour=0, tm_min=0,
tm_sec=0, tm_wday=2, tm_yday=141, tm_isdst=-1)
1589904000.0
```

快学快用 4　分别将日期时间对象和日期对象转化为时间戳

定义一个函数，将日期时间对象和日期对象转化为时间戳。代码如下：

```python
import datetime
import time

def default(obj):
    # 如果obj是日期时间格式，则调用utctimetuple()方法
    if isinstance(obj, datetime.datetime):
        return time.mktime(obj.utctimetuple())
    # 如果obj是日期格式，则调用timetuple()方法
    elif isinstance(obj, datetime.date):
        return time.mktime(obj.timetuple())
    else:
        return None

if __name__ == "__main__":
    # 日期时间格式转化为时间戳
    print(default(datetime.datetime(2020,5,20)))
    # 日期格式转化为时间戳
    print(default(datetime.date(2020,5,20)))
```

输出结果为：

```
1589904000.0
1589904000.0
```

2.3 time() 方法——返回当前时间的时间戳

快用标签 time() print() localtime() gmtime()

最常用 time()，返回当前时间的时间戳。

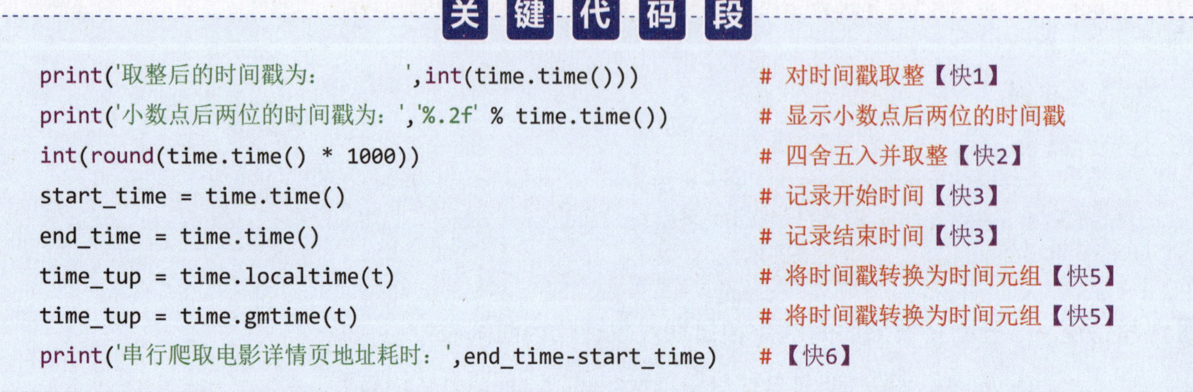

关键代码段

```python
print('取整后的时间戳为:         ',int(time.time()))          # 对时间戳取整【快1】
print('小数点后两位的时间戳为：','%.2f' % time.time())      # 显示小数点后两位的时间戳
int(round(time.time() * 1000))                               # 四舍五入并取整【快2】
start_time = time.time()                                     # 记录开始时间【快3】
end_time = time.time()                                       # 记录结束时间【快3】
time_tup = time.localtime(t)                                 # 将时间戳转换为时间元组【快5】
time_tup = time.gmtime(t)                                    # 将时间戳转换为时间元组【快5】
print('串行爬取电影详情页地址耗时：',end_time-start_time)    # 【快6】
```

➔ 语法

time 模块中的 time() 方法用于返回当前时间的时间戳。语法如下：

```
time.time()
```

参数说明：

❖ 返回值：time() 方法不需要传递参数，返回当前时间的时间戳。

➔ 应用

快学快用 1　通过 time 模块中 time() 方法获取当前时间戳的显示范围

导入 time 模块，然后通过 time 模块调用 time() 方法获取当前时间戳的显示范围。代码如下：

```
import time                                          # 导入time模块
print('取整后的时间戳为：       ',int(time.time()))        # 对时间戳取整
print('小数点后两位的时间戳为：','%.2f' % time.time())    # 显示小数点后两位的时间戳
```

输出结果为：

```
取整后的时间戳为：        1564127484
小数点后两位的时间戳为：  1564127484.35
```

快学快用 2　获取时间戳的毫秒数并四舍五入后取整

导入 time 模块，然后通过 time 模块调用 time() 方法获取当前时间戳，由于秒与毫秒之间的单位换算为 1000，所以需要用当前的时间戳 *（乘号）1000 才可获取时间戳的毫秒数。最后再通过 int() 与 round() 方法对时间戳的毫秒数进行四舍五入并取整。代码如下：

```
import time                                    # 导入time模块
millis = time.time() * 1000                    # 获取时间戳毫秒数
millis_int = int(round(time.time() * 1000))    # 四舍五入并取整
print('时间戳的毫秒为：',millis)
print('四舍五入取整后：',millis_int)
```

输出结果为：

```
时间戳的毫秒为：  1564191071937.6843
四舍五入取整后：  1564191071938
```

快学快用 3　通过 time() 方法计算一段代码的运行时间

创建 demo.py 文件，在该文件中首先导入 time 模块；然后创建一个 start_time 变量用于记录开始时间；接下来创建一个 for 循环，循环输出 0~1000000；循环结束后再创建一个 end_time 变量用于记录结束时间；最后计算运行时间并输出。代码如下：

```
import time                    # 导入时间模块
start_time = time.time()       # 记录开始时间
```

```
for i in range(1000001):                # 循环输出0~1000000
    print(i)
end_time = time.time()                  # 记录结束时间
run_time = end_time - start_time        # 计算运行时间
print('运行时间：', run_time)            # 输出运行时间
```

输出结果为：

```
………
999997
999998
999999
1000000
运行时间： 6.556224346160889
```

快学快用 4　高精度计时器程序

time.time() 可以获取当前的时间戳，如果在死循环中使用，重新获取时间戳并减去开始的时间戳，就可以计算当前过去了多久的时间。代码如下：

```
import time
flag = input('按下回车开始计时：')
try:
    time_start = time.time()
    while True:
        time_end = time.time()              # 获取当前时间戳
        t = time_end - time_start
        print('\r', '%f秒' % t, end="")     # 动态刷新控制台
except KeyboardInterrupt:
    print('计时结束，共用时%f秒', t)
```

输出结果为：

```
按下回车开始计时：
 16.745839秒
```

快学快用 5　获取时间戳的具体时间

如果需要获取当前时间戳的具体时间，可以先通 localtime() 方法将当前时间的时间戳转换为时间元组，然后再获取具体的时间。代码如下：

```
import time                             # 导入时间模块
t = time.time()                         # 获取当前时间的时间戳
time_tup = time.localtime(t)            # 将时间戳转换为时间元组
print(time_tup.tm_year)                 # 当前年份
print(time_tup.tm_mon)                  # 月份
print(time_tup.tm_mday)                 # 日
```

```
print(time_tup.tm_hour)                  # 时
print(time_tup.tm_min)                   # 分
print(time_tup.tm_sec)                   # 秒
```

输出结果为：

```
2020
5
19
9
8
53
```

如果需要获取当前时间 UTC 时区的具体时间，便可以使用 gmtime() 方法将当前时间戳转换为 UTC 时期的时间元组，然后再获取具体的时间。代码如下：

```
import time                              # 导入时间模块
t = time.time()                          # 获取当前时间的时间戳
time_tup = time.gmtime(t)                # 将时间戳转换为时间元组
print(time_tup.tm_year,'年')             # 当前年份
print(time_tup.tm_mon,'月')              # 月份
print(time_tup.tm_mday,'日')             # 日
print(time_tup.tm_hour,'时')             # 时
print(time_tup.tm_min,'分')              # 分
print(time_tup.tm_sec,'秒')              # 秒
print('一周第几天：',time_tup.tm_wday)    # 一周的第几天，从0开始表示一周第一天
print('一年第几天：',time_tup.tm_yday)    # 一年的第几天
print('是否为夏令时：',time_tup.tm_isdst) # 是否为夏令时，0表示不是夏令时
```

输出结果为：

```
2020 年
5 月
19 日
1 时
8 分
53 秒
一周第几天： 1
一年第几天： 140
是否为夏令时： 0
```

快学快用 6　比较串行爬虫与多进程爬虫的消耗时间

在实现爬虫任务时，使用串行爬虫会消耗大量的时间，如果使用多进程爬虫则可以节省大部分的爬取时间。代码如下：

```
import requests                                              # 导入网络请求模块
from fake_useragent import UserAgent                         # 导入请求头模块
from multiprocessing import Pool                             # 导入进程池
import re                                                    # 导入正则表达式
import time                                                  # 导入时间模块
class Spider():
    def __init__(self):
        self.info_urls = []                                  # 所有电影详情页的请求地址

    # 获取首页信息
    def get_home(self, home_url):
        header = UserAgent().random                          # 创建随机请求头
        home_response = requests.get(home_url, header)       # 发送首页网络请求
        if home_response.status_code == 200:                 # 判断请求是否成功
            home_response.encoding = 'gb2312'                # 设置编码方式
            html = home_response.text                        # 获取返回的HTML代码
            # 获取所有电影详情页地址
            details_urls = re.findall('<a href="(.*?)" class="ulink">', html)
            self.info_urls.extend(details_urls)              # 添加请求地址列表
if __name__ == '__main__':                                   # 创建程序入口
    # 创建主页请求地址的列表
    home_url = ['https://www.ygdy8.net/html/gndy/dyzz/list_23_{}.html'
                  .format(str(i))for i in range(1,11)]
    s = Spider()                                    # 创建自定义爬虫类对象
    start_time = time.time()                        # 记录串行爬取电影详情页地址的起始时间
    for i in home_url:                              # 循环遍历主页请求地址
        s.get_home(i)                               # 发送网络请求，获取每个电影详情页地址
    end_time = time.time()                          # 记录串行爬取电影详情页地址结束时间
    print('串行爬取电影详情页地址耗时：',end_time-start_time)

    start_time_4 = time.time()                      # 记录四进程爬取电影详情页地址起始时间
    pool = Pool(processes=4)                        # 创建4进程对象
    pool.map(s.get_home,home_url)                   # 通过进程获取每个电影详情页地址
    end_time_4 = time.time()                        # 记录四进程爬取电影详情页地址结束时间
    print('4进程爬取电影详情页地址耗时:', end_time_4 - start_time_4)
```

程序运行结果如下：

```
串行爬取电影详情页地址耗时： 5.29499363899231
4进程爬取电影详情页地址耗时: 1.916001319885254
```

快学快用 7　控制程序执行的时间

使用 time.time() 结合 while 循环语句控制程序执行的时间。代码如下：

```
import time

```

```python
cur_time = time.time()                                   # 获取当前时间
# 控制程序执行时间在5秒以内
while time.time() - cur_time < 5:
    print('hi')
    time.sleep(1)
```

程序运行结果如下：

```
hi
hi
hi
hi
hi
```

2.4 gmtime() 方法——接收时间戳并返回 UTC 时区的时间元组

快用标签　gmtime()　strptime()　mktime()

最常用　gmtime()，返回指定时间戳对应 UTC 时区的时间元组。

```python
print('本地时间的时间元组为：', time.localtime())          # 本地时间元组【快1】
print('UTC时区的时间元组为：　', time.gmtime())            # UTC时区时间元组
time.gmtime(seconds)                                      # 转换为时间元组【快2】
time.strptime(a, "%Y-%m-%d %H:%M:%S")                     # 将其转换为时间数组【快3】
```

➔ 语法

time 模块中的 gmtime([secs]) 方法，用于将一个时间戳转换为 UTC 时区（0 时区）的时间元组，返回 time.struct_time 类型的对象。语法如下：

```python
time.gmtime([secs])
```

参数说明：

❖ secs：转换为 time.struct_time 类型的对象的秒数，其默认值为 time.time()。

❖ 返回值：返回指定时间戳所对应 UTC 时区的时间元组。

快学快用 1　输出本地时间的时间元组和 UTC 时区的时间元组

首先使用 localtime() 方法输出本地时间的时间元组，然后使用 gmtime() 方法输出 UTC 时区的时间元组，对比两种时间元组的不同。代码如下：

```
import time                                                    # 导入time模块
print('本地时间的时间元组为：', time.localtime())
print('UTC时区的时间元组为：  ', time.gmtime())
```

输出结果为：

```
本地时间的时间元组为： time.struct_time(tm_year=2020, tm_mon=5, tm_mday=20, tm_hour=16,
tm_min=31, tm_sec=33, tm_wday=2, tm_yday=141, tm_isdst=0)
UTC时区的时间元组为：  time.struct_time(tm_year=2020, tm_mon=5, tm_mday=20, tm_hour=8,
tm_min=31, tm_sec=33, tm_wday=2, tm_yday=141, tm_isdst=0)
```

注意： gmtime() 方法和 localtime() 方法类似，返回时间元组，localtime() 方法返回的是当前时区的时间元组，而 gmtime() 方法返回的是 UTC 时区（0 时区）的时间元组。与 UTC 时间对应的就是各个时区的本地时间，东 N 区的时间比 UTC 时间早 N 个小时，因此 UTC 时间 + N 小时，即为东 N 区的本地时间；而西 N 区时间比 UTC 时间晚 N 个小时，即 UTC 时间 - N 小时，即为西 N 区的本地时间；中国在东 8 区，比 UTC 时间早 8 小时，因此以 UTC+8 进行表示。

快学快用 2　输出指定秒数的时间元组

为 gmtime() 方法指定具体的秒数（即时间戳）来输出对应的时间元组。代码如下：

```
import time
seconds = 1589686992.8025022                                   # 时间秒数
mt = time.gmtime(seconds)                                      # 转换为时间元组
print(mt)
```

输出结果为：

```
time.struct_time(tm_year=2020, tm_mon=5, tm_mday=17, tm_hour=3, tm_min=43, tm_sec=12,
tm_wday=6, tm_yday=138, tm_isdst=0)
```

快学快用 3　输出指定日期的时间元组

在指定一个具体的时间后，可以使用 strptime() 方法将其转换为时间元组。如果要比较 gmtime() 方法与 strptime() 方法的区别，可以将得到的时间元组转换为时间戳，再使用 gmtime() 方法转换为时间元组。代码如下：

```
import time
a = "2020-10-01 23:40:00"                                      # 指定时间
time_array = time.strptime(a, "%Y-%m-%d %H:%M:%S")             # 将其转换为时间元组
print('时间元组', time_array)
time_stamp = time.mktime(time_array)                           # 转换为时间戳
print('时间戳', time_stamp)
time_gt = time.gmtime(time_stamp)                              # 转换为时间元组
print('时间元组', time_gt)
```

输出结果为：

```
时间元组 time.struct_time(tm_year=2020, tm_mon=10, tm_mday=1, tm_hour=23, tm_min=40, tm_sec=0, tm_wday=3, tm_yday=275, tm_isdst=-1)
时间戳 1601566800.0
时间元组 time.struct_time(tm_year=2020, tm_mon=10, tm_mday=1, tm_hour=15, tm_min=40, tm_sec=0, tm_wday=3, tm_yday=275, tm_isdst=0)
```

快学快用 4　生成一个适合于 RFC 2822 标准的兼容的 Message-ID

RFC 2822 是用于统一表示日期和时间的格式，包含 HTTP 和电子邮件中标题的日期和时间。使用 time.gmtime() 方法结合 os 模块、random 模块和 socket 模块生成一个适合于 RFC 2822 标准的兼容的 Message-ID。代码如下：

```python
import time
import os
import random
import socket

def make_msgid(idstring=None):
    """
    返回一个适合于RFC 2822标准的兼容的Message-ID，例如：
    <20020201195627.33539.96671@nightshade.la.mastaler.com>
    idstring参数是可选项，如果给定，可以增强消息id的唯一性
    """
    timeval = time.time()  # 获取时间戳
    # 转化为年月日时分秒的时间格式
    utcdate = time.strftime('%Y%m%d%H%M%S', time.gmtime(timeval))
    # 获取进程id
    pid = os.getpid()
    # 生成一个100000以内的随机整数
    randint = random.randrange(100000)
    # 判断idstring参数是否存在，如果不存在则为空字符串
    # 如果存在，则使用“.”拼接
    if idstring is None:
        idstring = ''
    else:
        idstring = '.' + idstring
    # 返回全称域名
    idhost = socket.getfqdn()
    # 拼接新的字符串
    msgid = '<%s.%s.%s%s@%s>' % (utcdate, pid, randint, idstring, idhost)
    return msgid

if __name__ == "__main__":
    print(make_msgid())
```

输出结果为：

```
<20200520011008.1501.17338@andy>
```

快学快用 5　将时间戳转化为 ISO 时间格式的字符串

将时间戳转化为 ISO “YYYY-MM-DD hh:mm:ssZ” 标准格式的时间字符串，代码如下：

```python
import time

def time2isoz(t=None):
    """
    返回一个“YYYY-MM-DD hh:mm:ssZ”格式的时间字符串，例如：2020-11-11 08:49:37Z
    参数t表示时间戳，如果没有传递参数t,则使用当前时间
    """
    # 判断参数t是否存在，如果不存在则使用当前时间
    if t is None: t = time.time()
    # 获取时间元组的前6个元素
    year, mon, mday, hour, min, sec = time.gmtime(t)[:6]
    # 返回“YYYY-MM-DD hh:mm:ssZ”格式的时间字符串
    return "%04d-%02d-%02d %02d:%02d:%02dZ" % (
        year, mon, mday, hour, min, sec)

if __name__ == "__main__":
    print(time2isoz())
```

输出结果为：

```
2020-05-20 01:44:52Z
```

2.5 localtime() 方法——接收时间戳并返回本地时间的时间元组

快用标签　localtime()　gmtime()　time()　strftime()　strftime()　struct_time

最常用　localtime()，返回本地时间的时间元组。

关键代码段

```python
print(time.localtime())                    # 获取本地当前时间的时间元组【快1】
print(time.localtime(time.time())) # 以time.time()返回的时间戳为参数获取本地时间的时间元组【快1】
print(time.localtime(1544773763.789422))   # 将给定的时间戳转为当地时间的时间元组【快2】
print('属性名获取的年份为：',t.tm_year, "年")  # 通过“.属性名”的方式获取年份【快3】
a = time.localtime(t)                      # 获取本地时间的时间元组【快4】
```

➔ 语法

time 模块中的 localtime() 方法用于将时间戳转换为本地时间的时间元组。语法如下：

```
time.localtime([secs])
```

参数说明：

❖ secs：转换为 time.struct_time 类型的对象的秒数。如果 secs 参数未提供或为 None，则返回当前时间（即会默认调用 time.time()）。

❖ 返回值：返回指定时间戳对应本地时间的时间元组。

➔ 应用

快学快用 1　获取本地当前时间的时间元组

使用 localtime() 方法获取本地当前时间的时间元组，代码如下：

```
import time                             # 导入time模块
print(time.localtime())                 # 获取本地当前时间的时间元组
print(time.localtime(time.time()))      # 以time.time()返回的时间戳为参数获取本地时间的时间元组
```

输出结果为：

```
time.struct_time(tm_year=2020, tm_mon=5, tm_mday=20, tm_hour=16, tm_min=34, tm_sec=47,
tm_wday=2, tm_yday=141, tm_isdst=0)
time.struct_time(tm_year=2020, tm_mon=5, tm_mday=20, tm_hour=16, tm_min=34, tm_sec=47,
tm_wday=2, tm_yday=141, tm_isdst=0)
```

快学快用 2　将给定的时间戳转换为时间元组

使用 localtime() 方法将给定的时间戳转换为时间元组，代码如下：

```
import time                                  # 导入time模块
print(time.localtime(1588773763.789422))     # 将给定的时间戳转为当地时间的时间元组
```

输出结果为：

```
time.struct_time(tm_year=2020, tm_mon=5, tm_mday=6, tm_hour=22, tm_min=2, tm_sec=43,
tm_wday=2, tm_yday=127, tm_isdst=0)
```

快学快用 3　获取时间元组中的属性值

在获取时间元组的属性时，可以通过“. 属性名”的方式来获取对应的值，还可以通过下标索引来获取对应的属性值。代码如下：

```
import time                                  # 导入time模块
t = time.localtime()                         # localtime()方法获取本地当前时间的时间元组
print('本地当前时间的时间元组为：',t)          # 输出本地当前时间的时间元组
```

```
print('属性名获取的年份为：',t.tm_year, "年")        # 通过“.属性名”的方式获取年份
print('下标索引获取的月份为：',t[1], "月")           # 通过下标索引获取月份
```

输出结果为：

```
本地当前时间的时间元组为： time.struct_time(tm_year=2020, tm_mon=5, tm_mday=20, tm_hour=16,
tm_min=41, tm_sec=40, tm_wday=2, tm_yday=141, tm_isdst=0)
属性名获取的年份为： 2020 年
下标索引获取的月份为： 5 月
```

快学快用 4　比较 localtime() 方法和 gmtime() 方法的区别

localtime() 方法和 gmtime() 方法都可以接收一个时间戳，并将其转换为时间元组。唯一不同的是 localtime() 方法获取的是本地时间的时间元组，而 gmtime() 方法获取的是 UTC 时间的时间元组，由于我国属于东 8 区，所以在 localtime() 方法获取的时间元组中 tm_hour 参数要比 gmtime() 方法大 8 个小时。对比代码如下：

```
import time
t = time.time()                        # 获取时间戳
a = time.localtime(t)                  # 获取当地时间的时间元组
b = time.gmtime(t)                     # 获取UTC时间的时间元组
print('localtime:', a)
print('gmtime    :', b)
```

输出结果为：

```
localtime: time.struct_time(tm_year=2020, tm_mon=5, tm_mday=17, tm_hour=12, tm_min=27,
tm_sec=13, tm_wday=6, tm_yday=138, tm_isdst=0)
gmtime    : time.struct_time(tm_year=2020, tm_mon=5, tm_mday=17, tm_hour=4, tm_min=27,
tm_sec=13, tm_wday=6, tm_yday=138, tm_isdst=0)
```

快学快用 5　将操作信息写入日志

在程序开发过程中，通常会将管理员的操作行为写入日志。日志信息中应该包括操作内容和操作时间。使用 time.localtime() 方法来实现一个简单的日志功能。代码如下：

```
import time
import sys

def log(info):
    """输出日期信息"""
    print(time.strftime('%Y-%m-%d %H:%M:%S', time.localtime()), info)
    sys.stdout.flush()

if __name__ == "__main__":
    add_message = '新增数据'
    log(add_message)
```

```
        time.sleep(1)
        update_message = '更新数据'
        log(update_message)
        time.sleep(1)
        delete_message = '删除数据'
        log(delete_message)
```

输出结果为：

```
2020-05-20 10:17:22 新增数据
2020-05-20 10:17:23 更新数据
2020-05-20 10:17:24 删除数据
```

快学快用 6　将日期时间转换为 IMAP4 INTERNALDATE 格式

IMAP4 INTERNALDATE 的时间格式为“DD-Mmm-YYYY HH:MM:SS +HHMM”，例如，“20-May-2020 11:28:40 +0800”，下面通过 time.localtime() 方法将日期时间转化为 IMAP4 INTERNALDATE 格式，代码如下：

```
import time

def Time2Internaldate(date_time):
    """
    将日期时间转化为IMAP4 INTERNALDATE格式
    返回一个字符串格式为：“DD-Mmm-YYYY HH:MM:SS +HHMM”
    data_time参数可以是整型或浮点型或者是时间元组或者时间字符串
    """
    # 判断是否为整型和浮点型
    if isinstance(date_time, (int, float)):
        tt = time.localtime(date_time)
    # 判断是否为时间结构元组
    elif isinstance(date_time, (tuple, time.struct_time)):
        tt = date_time
    # 判断是否为字符串类型
    elif isinstance(date_time, str) and (date_time[0], date_time[-1]) == ('"', '"'):
        return date_time  # Assume in correct format
    else:
        raise ValueError("date_time not of a known type")
    # 组织时间格式
    dt = time.strftime("%d-%b-%Y %H:%M:%S", tt)
    if dt[0] == '0':
        dt = ' ' + dt[1:]
    if time.daylight and tt[-1]:
        zone = -time.altzone
    else:
        zone = -time.timezone
```

```
    return '"' + dt + " %+03d%02d" % divmod(zone//60, 60) + '"'

if __name__ == "__main__":
    # 将时间戳转化为IMAP4 INTERNALDATE格式
    print(Time2Internaldate(time.time()))
    # 将时间元组转化为IMAP4 INTERNALDATE格式
    print(Time2Internaldate(time.gmtime()))
    # 普通字符串直接返回
    print(Time2Internaldate('"20-May-2020"'))
```

输出结果为：

```
"20-May-2020 11:28:40 +0800"
"20-May-2020 03:28:40 +0800"
"20-May-2020"
```

2.6 time_ns() 方法——返回当前时间的时间戳（纳秒）

快用标签 time_ns()　time()

最常用 time_ns()，返回以纳秒为单位的时间戳。

关键代码段

```
print('当前时间戳的纳秒值为：', time.time_ns())  # 获得当前时间的时间戳（纳秒）【快1】
now_ns = time.time_ns()     #【快2】
now_ns // 1000000           # 转换为毫秒
```

➔ 语法

time 模块中的 time_ns() 方法与 time() 方法类似，但是调用该方法将返回以纳秒为单位的时间戳，需要注意的是，该方法仅可在 3.7 以上的 Python 版本中使用。语法如下：

```
time.time_ns()
```

参数说明：

❖ 返回值：调用该方法将返回以纳秒为单位的时间戳。

➔ 应用

快学快用 1 获取当前时间戳（纳秒）

通过 time_ns() 方法获取当前时间的纳秒值。代码如下：

```
import time                          # 导入time模块
print('当前时间戳的纳秒值为：', time.time_ns())
```

输出结果为：

```
当前时间戳的纳秒值为： 1565073945001588800
```

快学快用 2 将纳秒转换为毫秒

通过 time() 方法获取当前时间的毫秒值，再通过 time_ns() 方法获取当前时间的纳秒值，将其转换为毫秒值后，比较两者的关系。代码如下：

```
import time

now = time.time()
now_ns = time.time_ns()
print('毫秒    ：', now)
print('纳秒    ：', now_ns)
ns = now_ns // 1000000               # 转换为毫秒
print('转换后  ：', ns)
```

输出结果为：

```
毫秒    ： 1589691161.9852133
纳秒    ： 1589691161985213200
转换后  ： 1589691161985
```

第3章 时钟与计数器

3.1 monotonic() 方法——获取单调时钟的值

快用标签 monotonic() sleep time()

最常用 monotonic()，返回一个单调时钟的值。

关键代码段

```
time.monotonic()                                # 第二次调用【快1】
```

语法

time 模块中的 monotonic() 方法可以返回一个单调时钟的值（以浮点类型的秒为单位）。该值为不能倒退的时钟值，并且该值不会受到系统时钟更新的影响。语法如下：

```
time.monotonic()
```

参数说明：

❖ 返回值：调用该方法将返回一个单调时钟的值。

应用

快学快用 1 获取代码的休眠时间

由于单调时钟的值不能倒退，所以计算两次调用之间的差值即可获取代码的休眠时间。代码如下：

```
import time                                     # 导入time模块
start_time = time.monotonic()                   # 第一次调用
time.sleep(2)                                   # 休眠2秒
end_time = time.monotonic()                     # 第二次调用
print('第一次返回的单调时钟值为：',start_time)
print('第二次没回的单调时钟值为：',end_time)
print('计算的休眠时间为：',end_time-start_time)
```

输出结果为:

```
第一次返回的单调时钟值为:  519623.562
第二次没回的单调时钟值为:  519625.562
计算的休眠时间为:  2.0
```

快学快用 2 motonotic() 方法和 time() 方法的比较

time 模块中的 monotonic() 方法基本与 time() 方法类似，但 monotonic() 方法返回的单调时钟值是不能倒退的，time() 方法却会随着系统的改变而发生变化，如果程序改变了系统的时间，便会发生异常。代码如下：

```
import time

time_s = time.time()                 # 获取当前系统时间
mono_s = time.monotonic()            # 获取单调时间
print('请手动更改系统时间！')
time.sleep(10)                       # 程序睡眠10秒钟，此时需要手动改变系统的时间
time_e = time.time()
mono_e = time.monotonic()
print('系统时间', time_e - time_s)
print('单调时间', mono_e - mono_s)
```

输出结果为:

```
请手动更改系统时间!
系统时间 -7204.478124141693
单调时间 10.0
```

3.2 get_clock_info() 方法——获取指定时钟以命名空间对象形式的信息

快用标签 get_clock_info()

最常用 get_clock_info(name)，其中，name 为需要获取指定时钟方法的字符串名称。

```
time.get_clock_info('time')                           # 获取time()方法的时钟信息【快1】
print(i,'方法的时钟信息为: \n',time.get_clock_info(i))   # 获取每个时钟方法的信息【快2】
```

➔ 语法

time 模块中的 get_clock_info() 方法可以返回指定时钟以命名空间对象形式表示的信息。语法如下：

```
time.get_clock_info(name)
```

参数说明：

❖ name：该参数为需要获取的指定时钟方法的名称，其参数为字符类型。例如，获取 time() 方法对应的命名空间对象信息时，只需指定字符型名称为 'time' 即可。

❖ 返回值：调用该方法将返回指定时钟以命名空间对象形式表示的信息。

➔ 应用

快学快用 1　获取 time 时钟信息

使用 get_clock_info() 方法获取 time() 方法的时钟信息，代码如下：

```
import time                                          # 导入time模块
time_namespace = time.get_clock_info('time')         # 获取time()方法的时钟信息
print(time_namespace)
```

输出结果为：

```
namespace(adjustable=True, implementation='GetSystemTimeAsFileTime()', monotonic=False,
resolution=0.015625)
```

说明：在返回的时钟信息中具有以下 4 个特性：

❖ adjustable：如果时钟可以自动更改（例如通过 NTP 守护程序）或由系统管理员手动更改，则为 True，否则为 False。

❖ implementation：用于获取时钟值的底层 C 函数的名称。

❖ monotonic：如果时钟不能倒退，则为 True，否则为 False。

❖ resolution：以秒为单位的时钟分辨率（float）。

快学快用 2　获取常见时钟的信息

将常见的时钟方法名称添加至列表中，然后通过 for 循环获取每个时钟方法对应的信息。代码如下：

```
import time                                          # 导入time模块
# 常见时钟方法名称
time_list = ['time','thread_time','process_time','perf_counter','monotonic']
for i in time_list:                                  # 循环遍历每个时钟方法对应的名称
    print(i,'方法的时钟信息为：\n',time.get_clock_info(i)) # 获取每个时钟方法的信息
```

输出结果为：

```
time 方法的时钟信息为:
 namespace(adjustable=True, implementation='GetSystemTimeAsFileTime()', monotonic=False, resolution=0.015625)
thread_time 方法的时钟信息为:
 namespace(adjustable=False, implementation='GetThreadTimes()', monotonic=True, resolution=1e-07)
process_time 方法的时钟信息为:
 namespace(adjustable=False, implementation='GetProcessTimes()', monotonic=True, resolution=1e-07)
perf_counter 方法的时钟信息为:
 namespace(adjustable=False, implementation='QueryPerformanceCounter()', monotonic=True, resolution=1e-07)
monotonic 方法的时钟信息为:
 namespace(adjustable=False, implementation='GetTickCount64()', monotonic=True, resolution=0.015625)
```

3.3 monotonic_ns() 方法——获取单调时钟的（纳秒）值

快用标签 monotonic_ns()

最常用 monotonic_ns()，获取单调时钟的纳秒值。

关键代码段

```
start_time = time.monotonic_ns()          # 第一次调用【快】
time.sleep(2)                             # 休眠2秒
end_time = time.monotonic_ns()            # 第二次调用
```

➔ 语法

time 模块中的 monotonic_ns() 方法可以返回一个单调时钟的值（以浮点类型的纳秒为单位）。该值为不能倒退的时钟值，并且该值不会受到系统时钟更新的影响。语法如下：

```
time.monotonic_ns()
```

参数说明：

❖ 返回值：调用该方法将返回一个单调时钟的纳秒值。

➔ 应用

快学快用　获取代码的休眠时间（纳秒）

通过计算两次调用之间的差值来获取代码休眠的纳秒时间。代码如下：

```
import time                                       # 导入time模块
start_time = time.monotonic_ns()                  # 第一次调用
time.sleep(2)                                     # 休眠2秒
end_time = time.monotonic_ns()                    # 第二次调用
print('第一次返回的单调时钟纳秒值为：',start_time)
print('第二次没回的单调时钟纳秒值为：',end_time)
print('计算休眠时间的纳秒为：',end_time-start_time)
```

输出结果为：

```
第一次返回的单调时钟纳秒值为： 273844781000000
第二次没回的单调时钟纳秒值为： 273846781000000
计算休眠时间的纳秒为： 2000000000
```

3.4 perf_counter() 方法——获取性能计数器的（秒）值

快用标签　perf_counter()

最常用　perf_counter()，获取性能计数器的秒值。

关键代码段

```
print('函数的运行时间为：',time.perf_counter()-start_time,'秒')  # 打印函数运行的时间【快1】
t0 = t1 = perf_counter()                                        # 获取时间【快2】
```

➔ 语法

time模块中的perf_counter()方法可以返回一个性能计数器的（秒）值，包含整个系统的休眠时间，由于返回值的基准点是未定义的，所以只有连续调用的结果之间的差才是有效的。语法如下：

```
time.perf_counter()
```

参数说明：

❖ 返回值：调用该方法将返回一个性能计数器的（秒）值。

➔ 应用

快学快用 1　获取循环函数执行的时间（秒）

调用循环函数，通过 perf_counter() 方法获取循环函数运行时间的（秒）值。代码如下：

```
import time                                          # 导入time模块
def procedure():                                     # 执行函数
    a = 0                                            # 定义变量
    for i in range(1000000):                         # 循环
        a+=i                                         # 循环增加变量
        print(a)                                     # 打印当前变量值
start_time = time.perf_counter()                     # 第一次调用perf_counter()方法
procedure()                                          # 调用循环增加变量的函数
print('函数的运行时间为：',time.perf_counter()-start_time,'秒')  # 打印函数运行的时间
```

输出结果为：

```
函数的运行时间为： 5.5644127 秒
```

快学快用 2　每秒执行一次自定义函数

使用 perf_counter() 函数实现每秒执行一次自定义的函数，代码如下：

```
from time import perf_counter

def func():
    print('func is running')

t0 = t1 = perf_counter()
delta = 1                                            # 每秒执行一次函数
while True:
    while t1 - t0 > delta:
        t0 = perf_counter()
        func()
    t1 = perf_counter()
```

输出结果为：

```
func is running
func is running
func is running
func is running
func is running
func is running
```

3.5 perf_counter_ns() 方法——获取性能计数器的（纳秒）值

快用标签 perf_counter_ns()

最常用 perf_counter_ns()，获取性能计数器的纳秒值。

关键代码段

```
print('函数的运行时间为：',time.perf_counter_ns()-start_time,'纳秒') # 打印函数运行的时间【快】
```

语法

time 模块中的 perf_counter_ns() 方法可以返回一个性能计数器的（纳秒）值，包含整个系统的休眠时间，由于返回值的基准点是未定义的，所以只有连续调用的结果之间的差才是有效的。语法如下：

```
time.perf_counter_ns()
```

参数说明：

❖ 返回值：调用该方法将返回一个性能计数器的（纳秒）值。

应用

快学快用 获取循环函数执行的时间（纳秒）

调用循环函数，通过 perf_counter_ns() 方法获取循环函数运行时间的（纳秒）值。代码如下：

```
import time                                  # 导入time模块
def procedure():                             # 执行函数
    a = 0                                    # 定义变量
    for i in range(1000000):                 # 循环
        a+=i                                 # 循环增加变量
        print(a)                             # 打印当前变量值
start_time = time.perf_counter_ns()          # 第一次调用perf_counter_ns()方法
procedure()                                  # 调用循环增加变量的函数
print('函数的运行时间为：',time.perf_counter_ns()-start_time,'纳秒')  # 打印函数运行的时间
```

输出结果为：

```
函数的运行时间为： 5267021300 纳秒
```

第4章 格式化时间

4.1 asctime() 方法——接收时间元组并返回一个字符串

快用标签 asctime()

最常用 asctime([t])，t 参数表示接收的时间元组。

关键代码段

```
print('指定时间元组:        ',time.asctime(t))                # 指定时间元组【快】
print('默认时间元组:        ',time.asctime())                 # 参数为空
print('UTC时区的时间元组: ',time.asctime(time.gmtime()))  # 设置参数为time.gmtime()
```

语法

time 模块中的 asctime() 方法用于接收时间元组并返回一个可读长度为 24 个字符的字符串。语法如下：

```
time.asctime([t])
```

参数说明：

- t：表示完整的 9 位元组元素或者通过 localtime() 方法或 gmtime() 方法返回时间值。参数为空时，默认以 time.localtime() 的值为参数，所得到的是当前时间。
- 返回值：返回一个字符串，格式为：Www Mmm dd hh:mm:ss yyyy，其中 Www 为星期，Mmm 为月份，dd 为日，hh 为时，mm 为分，ss 为秒，yyyy 为年份。

应用

快学快用 输出时间元组对应的时间字符串

使用 asctime() 方法输出时间元组对应的时间字符串，代码如下：

```
import time                                    # 导入time模块
t = (2020,5,20,21,36,54,3,347,0)               # 创建一个名称为t的时间元组
print('指定时间元组:        ',time.asctime(t))  # 指定时间元组
```

```
print('默认时间元组:       ',time.asctime())              # 参数为空
print('UTC时区的时间元组: ',time.asctime(time.gmtime())) # 设置参数为time.gmtime()
```

输出结果为：

```
指定时间元组:        Thu May 20 21:36:54 2020
默认时间元组:        Wed May 20 16:30:49 2020
UTC时区的时间元组:   Wed May 20 08:30:49 2020
```

4.2 clock() 方法——以浮点数返回当前的 CPU 时间

快用标签 clock() time() range()

最常用 clock()，获取当前 CPU 的时间。

关键代码段

```
print('time方法的执行结果为: ',time.time())                 # time()方法【快1】
print('clock方法的执行结果为: ',time.clock())               # clock()方法
print('函数的运行时间为: ',time.clock()-start_time,'秒')    # 打印函数运行的时间【快2】
```

➔ 语法

time 模块中的 clock() 方法可以返回浮点类型的当前 CPU 时间，用来衡量不同程序的运行时间。语法如下：

```
time.clock()
```

参数说明：

- 返回值：第一次调用该方法返回的时间为本次程序开始执行到调用 clock() 方法结束所经过的秒数；第二次调用该方法返回的时间为本次程序开始执行到第二次调用结束所经过的秒数，其类型为浮点型。

注意：time.clock() 方法在 Python 3.3 中已被弃用，并从 Python 3.8 中删除，可以使用 time.perf_counter() 方法（参见 3.4 节）或 time.process_time() 方法来代替。

➔ 应用

快学快用 1 time() 方法与 clock() 方法的区别

time() 方法与 clock() 方法都可以返回一个时间信息，不同的是，time() 方法返回格林尼治时间

1970 年 01 月 01 日 00 时 00 分 00 秒（北京时间 1970 年 01 月 01 日 08 时 00 分 00 秒）起至现在的总秒数。而 clock() 方法返回自程序执行开始至 clock() 方法结束所经过的秒数。代码如下：

```
import time                                    # 导入time模块
print('time方法的执行结果为：',time.time())       # time()方法
print('clock方法的执行结果为：',time.clock())     # clock()方法
```

输出结果为：

```
time方法的执行结果为：1564470063.4872446
clock方法的执行结果为：0.0679539
```

说明： 由于 time.clock() 方法已被弃用，所以在运行结果中会出现如下警告信息：

```
C:/Users/Administrator/Desktop/test1/t.py:13: DeprecationWarning: time.clock has been deprecated in
Python 3.3 and will be removed from Python 3.8: use time.perf_counter or time.process_time instead
print('clock方法的执行结果为：',time.clock())
```

快学快用 2　获取函数运行的时间

创建一个可以执行循环增加变量值的函数，再获取该函数从启动到结束所运行的时间。代码如下：

```
import time                                             # 导入time模块
def procedure():                                        # 执行函数
    a = 0                                               # 定义变量
    for i in range(1000000):                            # 循环
        a+=i                                            # 循环增加变量
        print(a)                                        # 打印当前变量值
start_time = time.clock()                               # 第一次调用clock()方法
procedure()                                             # 调用循环增加变量的函数
print('函数的运行时间为：',time.clock()-start_time,'秒')   # 打印函数运行的时间
```

输出结果为：

```
函数的运行时间为：  6.029928699999999 秒
```

4.3 sleep() 方法——按指定的秒数使程序休眠若干时间

快用标签　sleep()　ctime()　randint()　format()　hour　minute

最常用　sleep(secs)，其中，secs 为休眠的秒数。

关键代码段

```
time.sleep(5)                                   # 延迟5秒【快1】
time.sleep(10)                                  # 休眠10秒【快2】
time.sleep(random_time)                         # 等待随机时间【快4】
if now.hour == h and now.minute == m:           # 如果当前时间为定时时间【快6】
```

语法

time 模块中 sleep() 方法的作用是休眠，按指定的秒数使程序休眠若干时间。语法如下：

```
time.sleep(secs)
```

参数说明：

- secs：休眠执行的秒数。secs 以秒为单位，如果想定时为毫秒，可以使用小数，以指定更精确的暂停时间，0.1 秒则代表暂停 100 毫秒。
- 返回值：无。

应用

快学快用 1　延迟 5 秒后执行函数

使用 sleep() 方法实现延迟 5 秒，然后通过 print() 函数输出文本内容。代码如下：

```
import time                                     # 导入time模块
time.sleep(5)                                   # 延迟5秒
print('人生苦短，我用Python！')
```

输出结果为：

```
人生苦短，我用Python！
```

快学快用 2　输出休眠前与休眠后的本地时间所对应的字符串

使用 sleep() 方法与 ctime() 方法实现输出休眠前与休眠后的本地时间。代码如下：

```
import time                                     # 导入time模块
print(time.ctime())                             # 输出表示本地时间的字符串
time.sleep(10)                                  # 休眠10秒
print(time.ctime())                             # 休眠10后输出表示本地时间的字符串
```

输出结果为：

```
Wed May 20 16:31:52 2020
Wed May 20 16:32:02 2020
```

快学快用 3 每 n 秒执行一次自定义的函数

在一个死循环中，每次循环执行函数后休眠两秒，就能够实现每 n 秒执行一次函数的需求，代码如下：

```
import time

while True:
    str = input('输入执行两次函数的时间间隔:')
    if str.isdigit():
        break
n = int(str)                                    # 休眠的秒数
def func():
    print('%d 秒已经过去了' % n)
while True:
    func()
    time.sleep(n)
```

输出结果为：

```
输入执行两次函数的时间间隔:2
2 秒已经过去了
2 秒已经过去了
2 秒已经过去了
```

快学快用 4 等待随机时间执行函数

创建随机数，然后将随机数作为参数传入 time.sleep() 方法中，最后执行打印函数。代码如下：

```
import random                                   # 导入随机模块
import time                                     # 导入时间模块

def random_print(time):
    print('当前间隔时间为：',time )
for i in range(1,6):                            # 循环执行5次
    random_time = random.randint(0, 5)          # 产生随机数
    time.sleep(random_time)                     # 等待随机时间
    random_print(random_time)                   # 执行打印函数
```

输出结果为：

```
当前间隔时间为： 3
当前间隔时间为： 2
当前间隔时间为： 0
当前间隔时间为： 1
当前间隔时间为： 3
```

快学快用 5　间隔指定时间爬取下一页内容

实现爬虫时，如果频繁地爬取网页内容，很容易被网页的后台服务器所发现，如果通过 time.sleep() 方法等待一个随机时间，再次爬取时，就会很大程度地降低网站后台的反爬率。代码如下：

```python
import random                                                      # 导入随机模块
import time                                                        # 导入时间模块
import requests                                                    # 网络请求模块
from bs4 import BeautifulSoup                                      # html解析模块

url = 'http://quotes.toscrape.com/page/{number}/'                  # 请求地址
# 创建请求头信息
headers = {
    'User-Agent': 'Mozilla/5.0 (Windows NT 10.0; WOW64) AppleWebKit/537.36 (KHTML, like Gecko) Chrome/80.0.3987.149 Safari/537.36'}
for page in range(1, 4):                                           # 循环执行3次
    response = requests.get(url.format(number=page), headers=headers)  # 发送网络请求
    if response.status_code == 200:                                # 请求成功
        # 创建一个BeautifulSoup对象，获取页面正文
        soup = BeautifulSoup(response.text, features="lxml")
        all = soup.find_all('div', class_='quote')                 # 获取所有内容
        author_list = []                                           # 保存作者的列表
        for i in all:                                              # 遍历每个信息
            author = i.find('small', class_='author').text         # 获取作者名称
            author_list.append(author)                             # 将作者信息添加至列表
        print('第',page,'页名句作者如下：')
        print(author_list)
    if page<3:                                                     # 判断网页的页数小于3
        random_time = random.randint(1, 4)                         # 创建随机时间
        print('休息', random_time, '秒再次爬取下一页数据！')
        time.sleep(random_time)                                    # 等待随机时间
```

输出结果为：

```
第 1 页名句作者如下：
['Albert Einstein', 'J.K. Rowling', 'Albert Einstein', 'Jane Austen', 'Marilyn Monroe',
'Albert Einstein', 'André Gide', 'Thomas A. Edison', 'Eleanor Roosevelt', 'Steve Martin']
休息 3 秒再次爬取下一页数据！
第 2 页名句作者如下：
['Marilyn Monroe', 'J.K. Rowling', 'Albert Einstein', 'Bob Marley', 'Dr. Seuss', 'Douglas Adams',
'Elie Wiesel', 'Friedrich Nietzsche', 'Mark Twain', 'Allen Saunders']
休息 2 秒再次爬取下一页数据！
第 3 页名句作者如下：
['Pablo Neruda', 'Ralph Waldo Emerson', 'Mother Teresa', 'Garrison Keillor', 'Jim Henson',
'Dr. Seuss', 'Albert Einstein', 'J.K. Rowling', 'Albert Einstein', 'Bob Marley']
```

快学快用 6　模拟定时启动

模拟定时需要不断地获取当前时间，然后和定时时间进行对比，满足时间条件时，启动对应的函

数即可。代码如下：

```
import datetime                                      # 导入日期时间模块
import time                                          # 导入时间模块

def spider():
    # 模拟爬虫函数
    print('爬虫程序执行中。。。。')

def timing(h,m):                                     # 创建定时函数
    while True:
        now = datetime.datetime.now()                # 获取当前时间
        if now.hour == h and now.minute == m:        # 如果当前时间为定时时间
            spider()                                 # 启动爬虫函数
        time.sleep(60)                               # 每60秒（1分钟）检测一次
timing(14,59)                                        # 调用定时函数，并设置时间为14:59分
```

程序运行结果如下：

```
爬虫程序执行中。。。。
```

如果需要通过定时的方式启动一个 Python 文件时，首先需要在同级目录下创建需要启动的 Python 文件，文件内只需要编写打印文字的代码，然后判断满足时间条件时，通过 os.system() 方法启动对应的 python 文件。代码如下：

```
import datetime                                      # 导入日期时间模块
import time                                          # 导入时间模块
import os                                            # 导入os模块

def timing(h,m):                                     # 创建定时函数
    while True:
        now = datetime.datetime.now()                # 获取当前时间
        if now.hour == h and now.minute == m:        # 如果当前时间为定时时间
            os.system('python start.py')             # 启动对应的python文件
        time.sleep(60)                               # 每60秒（1分钟）检测一次
timing(15,39)                                        # 调用定时函数，并设置时间为15:39分
```

程序运行结果如下：

```
start.py文件已启动！
```

4.4 strftime() 方法——把日期格式转为字符串格式

快用标签 strftime() localtime() gmtime()

最常用 strftime(format)，其中，format 为时间字符串所对应的格式，格式符号参考表 1.2。

关键代码段

```
print(time.strftime('%Y-%m-%d'))                    # 输出年-月-日【快1】
print(time.strftime('%Y-%m-%d %H:%M:%S %A %B')) # %A输出英文星期全写，%B输出英文月份全写【快2】
# 根据localtime()返回的时间获取年 月 日 时 分 秒【快3】
print(time.strftime('%Y %m %d %H %M %S',time.localtime()))
```

➔ 语法

time 模块中的 strftime() 方法用来格式化日期，将日期格式转换为字符串格式。该方法可以接收时间元组或者 struct_time（如 localtime() 方法和 gmtime() 方法的返回值），格式由参数 format 决定。语法如下：

```
time.strftime(format[,t])
```

参数说明：

❖ format：时间字符串所对应的格式，格式符号参考表 1.2。

❖ t：可选参数，一个 struct_time 对象，如果没有提供 t，则使用 localtime() 方法的返回值作为当前时间。

❖ 返回值：返回以可读字符串表示的时间。

➔ 应用

快学快用 1　输出不同格式的年、月、日

使用 strftime() 方法输出不同格式的年、月、日，代码如下：

```
import time                                  # 导入time模块
print(time.strftime('%Y,%m,%d'))             # 输出年,月,日
print(time.strftime('%Y/%m/%d'))             # 输出年/月/日
print(time.strftime('%Y-%m-%d'))             # 输出年-月-日
```

输出结果为：

```
2020,05,20
2020/05/20
2020-05-20
```

快学快用 2　格式化输出日期、时间、星期及月份

使用 strftime() 方法格式化输出日期、时间、星期及月份，代码如下：

```
import time                                         # 导入time模块
print(time.strftime('%Y-%m-%d %H:%M:%S %A %B'))  # %A输出英文星期全称，%B输出英文月份全称
print(time.strftime('%Y-%m-%d %H:%M:%S %a %b'))  # %a输出英文星期简称，%b输出英文月份简称
```

输出结果为：

```
2020-05-20 16:33:16 Wednesday May
2020-05-20 16:33:16 Wed May
```

快学快用 3 格式化多种时间对象

使用 strftime() 方法格式化多种时间对象，代码如下：

```
import time                                         # 导入time模块
t=(2020,5,20,21,36,54,3,347,0)                      # 创建一个名称为t的时间元组
# 根据提供的时间元组获取年-月-日 时:分:秒
print(time.strftime('%Y-%m-%d %H:%M:%S',t))
# 根据localtime()返回的时间获取年 月 日 时 分 秒
print(time.strftime('%Y %m %d %H %M %S',time.localtime()))
# 根据gmtime()返回的时间获取年,月,日 时:分:秒
print(time.strftime('%Y,%m,%d %H:%M:%S',time.gmtime()))
```

输出结果为：

```
2020-05-20 21:36:54
2020 05 20 16 33 57
2020,05,20 08:33:57
```

4.5 strptime() 方法——将时间字符串转换为时间元组

快用标签 strptime() timetuple()

最常用 strptime(string[,format])，其中，string 表示时间字符串，format 为时间字符串所对应的格式，格式符号参考表 1.2。

```
print(time.strptime("2020-05-20 21:36:54","%Y-%m-%d %H:%M:%S")) # 将时间字符串转为时间元组【快1】
```

➔ 语法

time 模块中的 strptime() 方法用于根据指定的格式将一个**时间字符串**转换为**时间元组**。语法如下：

```
time.strptime(string[,format])
```

参数说明：

- string：时间字符串。
- format：时间字符串所对应的格式，格式符号参考表 1.2。
- 返回值：返回 struct_time 对象。

➔ 应用

快学快用 1　将指定的时间字符串转换为时间元组

使用 strptime() 方法将指定的时间字符串转换为时间元组，代码如下：

```
import time   # 导入time模块
print(time.strptime("2020-05-20 21:36:54","%Y-%m-%d %H:%M:%S")) # 将时间字符串转为时间元组
```

输出结果为：

```
time.struct_time(tm_year=2020, tm_mon=5, tm_mday=20, tm_hour=21, tm_min=36, tm_sec=54,
tm_wday=2, tm_yday=141, tm_isdst=-1)
```

快学快用 2　解析含有毫秒的时间字符串

使用 strptime() 方法可以将指定的时间字符串转换为时间元组，但是当时间字符串中含有毫秒时，再使用该方法就会报“Value Error”错误，例如，运行下面的代码将提示如图 4.1 所示的错误。

```
import time
from datetime import datetime
str_s = '30/03/20 16:31:32.123'
print(time.strptime(str_s, '%d/%m/%y %H:%M:%S'))  # 此行代码会报错，因为时间字符串含有毫秒
```

```
Python 3.8.0 Shell
File Edit Shell Debug Options Window Help
Traceback (most recent call last):
  File "C:\python\Python38\demo.py", line 39, in <module>
    print(time.strptime(str_s, '%d/%m/%y %H:%M:%S'))  # 此行代码会报错，
因为时间字符串含有毫秒
  File "C:\python\Python38\lib\_strptime.py", line 562, in _strptime_time
    tt = _strptime(data_string, format)[0]
  File "C:\python\Python38\lib\_strptime.py", line 352, in _strptime
    raise ValueError("unconverted data remains: %s" %
ValueError: unconverted data remains: .123
>>>
Ln: 5  Col: 41
```

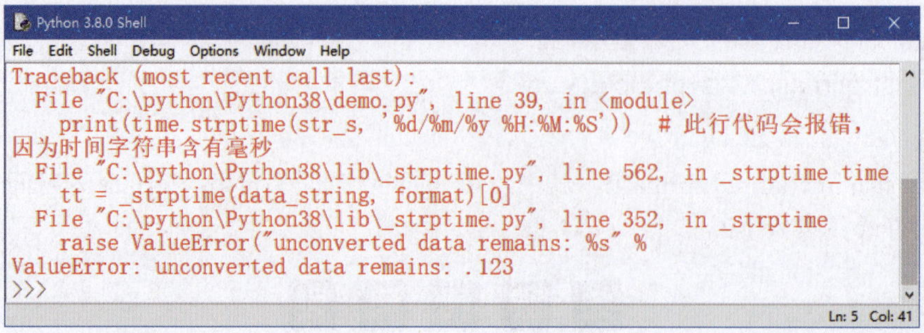

图 4.1 报“Value Error”错误

因此，需要使用 timetuple() 方法来进行转换。代码如下：

```
import time
from datetime import datetime

str_t = '30/03/20 16:31:32'
struct_t = time.strptime(str_t, '%d/%m/%y %H:%M:%S')
print('不带毫秒的时间元组 ：', struct_t)

str_s = '30/03/20 16:31:32.123'
struct_s = datetime.strptime(str_s, '%d/%m/%y %H:%M:%S.%f')   # 解析毫秒
print(struct_s)
tt = struct_s.timetuple()                                      # 转换为时间元组
print('带毫秒的时间元组   ：', tt)
```

输出结果为：

```
不带毫秒的时间元组 ： time.struct_time(tm_year=2009, tm_mon=3, tm_mday=30, tm_hour=16,
tm_min=31, tm_sec=32, tm_wday=0, tm_yday=89, tm_isdst=-1)
2009-03-30 16:31:32.123000
带毫秒的时间元组   ： time.struct_time(tm_year=2009, tm_mon=3, tm_mday=30, tm_hour=16,
tm_min=31, tm_sec=32, tm_wday=0, tm_yday=89, tm_isdst=-1)
```

02

datetime模块——日期和时间

datetime模块提供了可以通过多种方式操作日期和时间的类，该模块中大部分功能是关于创建和输出日期与时间信息的各种不同方式。它提供了一系列由简单到复杂的时间处理方法。用户可以从系统中获取日期与时间，然后以自己选择的格式输出。日期时间信息当中还可以包含时区以及夏令时。

datetime 模块提供两个常量 MINYEAR 与 MAXYEAR，分别用于表示 date 或者 datetime 对象所允许的最小年份与最大年份。语法如下：

```
datetime.MINYEAR
datetime.MAXYEAR
```

参数说明：

❖ 返回值：MINYEAR 常量的返回值为 1，MAXYEAR 常量的返回值为 9999。

➔ 应用

快学快用　获取 date 与 datetime 对象允许的最小与最大年份

通过 datetime 模块直接调用 MINYEAR 与 MAXYEAR 常量，获取 date 与 datetime 对象允许的最小与最大年份。代码如下：

```
import datetime   # 导入datetime模块
print('date与datetime对象允许的最小年份为：',datetime.MINYEAR)
print('date与datetime对象允许的最大年份为：',datetime.MAXYEAR)
```

输出结果为：

```
date与datetime对象允许的最小年份为：  1
date与datetime对象允许的最大年份为：  9999
```

第5章　格式化日期时间

5.1　__format__() 方法——返回指定格式的日期字符串

快用标签　__format__()　date()

最常用　__format__()，返回指定格式的日期字符串。

关键代码段

```
print(date_object.__format__('%Y-%m-%d %a %B'))   # 打印以“-”分隔的日期字符串【快】
```

➔ 语法

date 类中的 __format__() 方法与 strftime() 方法相同，用于获取指定格式的日期字符串。语法如下：

```
date对象名.__format__()
```

参数说明：

❖ 返回值：返回指定格式的日期字符串。

➔ 应用

快学快用 获取指定格式的日期字符串

使用 __format__() 方法获取指定格式的日期字符串。代码如下：

```
from datetime import date                           # 导入datetime模块中的date类
date_object = date(2020,5,20)                       # 创建指定日期的date对象
print(date_object.__format__('%Y-%m-%d %a %B'))     # 打印以“-”分隔的日期字符串
print(date_object.__format__('%Y/%m/%d %a %B'))     # 打印以“/”的日期字符串
print(date_object.__format__('%Y %m %d %a %B'))     # 打印以“ ”的日期字符串
```

输出结果为：

```
2020-05-20 Wed May
2020/05/20 Wed May
2020 05 20 Wed May
```

5.2 __format__() 方法——返回指定格式的日期时间字符串

快用标签 __format__()　today()

最常用 __format__(format)，其中，format 参数表示需要指定的显示格式。

关键代码段

```
print(dt.__format__('%Y-%m-%d'))    # 打印指定格式的日期字符串【快】
```

➔ 语法

datetime 类中的 __format__() 方法与 strftime() 方法相似，用于返回表示日期和时间的字符串，可以为其指定格式。语法如下：

```
datetime对象名.__format__(format)
```

参数说明：

- format：需要指定的显示格式。
- 返回值：返回表示日期和时间的字符串，并且可以为其指定格式。

➔ 应用

快学快用　获取指定格式的日期字符串

__format__() 方法获取指定格式的日期字符串，代码如下：

```
from datetime import datetime                # 导入datetime模块中的datetime类
dt = datetime.today()                        # 获取当前日期时间
print(dt.__format__('%Y-%m-%d'))             # 打印指定格式的日期字符串
```

输出结果为：

```
2020-05-20
```

5.3 __format__() 方法——根据自定义的格式返回时间字符串

快用标签　__format__()　time()

最常用　__format__(format)，其中，format 参数表示自定义的时间格式。

关键代码段

```
print(t.__format__('%H'))                    # 打印小时【快】
```

➔ 语法

time 类中的 __format__() 方法与 strftime() 方法相似，用于根据自定义的格式返回时间字符串。语法如下：

```
time对象名.__format__(format)
```

参数说明：

- format：自定义的时间格式。
- 返回值：根据自定义的格式返回时间字符串。

应用

快学快用 获取自定义格式的时间字符串

使用 __format__() 方法获取自定义格式的时间字符串，代码如下：

```
from datetime import time                    # 导入datetime模块中的time类
t=time(16,13,56,888)                         # 创建时间对象
print(t.__format__('%H'))                    # 打印小时
print(t.__format__('%H:%M'))                 # 打印小时与分钟
```

输出结果为：

```
16
16:13
```

5.4 __str__() 方法——返回“YYYY-MM-DD”格式的日期字符串

快用标签 __str__() date() type()

最常用 __str__()，根据指定的日期对象获取指定格式的日期字符串。

关键代码段

```
print(date_object.__str__())                 # 打印返回的日期字符串【快】
```

语法

date 类中的 __str__() 方法与 isoformat() 方法相似，用于获取日期对象的日期字符串。语法如下：

```
date对象名.__str__()
```

参数说明：

- 返回值：根据指定的日期对象获取指定格式的日期字符串。

应用

快学快用 获取指定日期对象的日期字符串

使用 __str__() 方法获取指定日期对象的日期字符串。代码如下：

```
from datetime import date                       # 导入datetime模块中的date类
date_object = date(2020,5,20)                   # 创建指定日期的date对象
print(date_object.__str__())                    # 打印返回的日期字符串
print(str(date_object)+'类型为：',type(date_object))
print(date_object.__str__()+'类型为：',type(date_object.__str__()))
```

输出结果为：

```
2020-05-20
2020-05-20类型为： <class 'datetime.date'>
2020-05-20类型为： <class 'str'>
```

5.5 __str__() 方法——返回日期时间字符串

快用标签 __str__()　today()

最常用 __str__()，获取日期时间字符串。

关键代码段

```
print(dt.__str__())                    # 打印日期时间对象所对应的字符串【快】
```

语法

datetime 类中的 __str__() 方法与 isoformat() 方法相似，用于返回日期时间字符串。语法如下：

```
datetime对象名.__str__()
```

参数说明：

- 返回值：用于返回日期时间字符串。

应用

快学快用　获取日期时间对象所对应的字符串

使用 __str__() 方法获取日期时间对象所对应的字符串。代码如下：

```
from datetime import datetime                   # 导入datetime模块中的datetime类
dt = datetime.today()                           # 获取当前日期时间
print(dt.__str__())                             # 打印日期时间对象所对应的字符串
```

输出结果为：

```
2020-05-20 16:43:25.231659
```

5.6 __str__() 方法——返回一个“HH:MM:SS.%f”格式的时间字符串

快用标签 __str__()　time()

最常用 __str__()，获取“HH:MM:SS.%f”格式的时间字符串。

关键代码段

```
print(t.__str__())                    # 打印指定格式的时间字符串【快】
```

语法

time 类中的 __str__() 方法与 isoformat() 方法相似，用于返回一个“HH:MM:SS.%f”格式的时间字符串。语法如下：

```
time对象名.__str__()
```

参数说明：

- 返回值：返回一个“HH:MM:SS.%f”格式的时间字符串。

应用

快学快用　获取指定格式的时间字符串

使用 __str__() 方法获取指定格式的时间字符串。代码如下：

```
from datetime import time             # 导入datetime模块中的time类
t=time(16,13,56,888)                  # 创建时间对象
print(t.__str__())                    # 打印指定格式的时间字符串
```

输出结果为：

```
16:13:56.000888
```

5.7 fromisoformat() 方法——将日期时间字符串转换为 datetime 对象

快用标签 fromisoformat()　now()　isoformat()

最常用 fromisoformat(date_string)，其中，date_string 表示需要指定的日期时间字符串。

```
print(datetime.fromisoformat(str_dt)) # 打印根据指定的日期时间字符串返回对应的datetime对象【快】
```

➔ 语法

datetime 类中的 fromisoformat() 方法，用于根据指定的日期时间字符串返回对应的 datetime 对象。语法如下：

```
datetime对象名.fromisoformat(date_string)
```

参数说明：

- date_string：需要指定的日期时间字符串。
- 返回值：根据指定的日期时间字符串返回对应的 datetime 对象。

➔ 应用

快学快用　根据指定的日期时间字符串返回对应的 datetime 对象

使用 fromisoformat() 方法根据指定的日期时间字符串返回对应的 datetime 对象。代码如下：

```
from datetime import datetime              # 导入datetime模块中的datetime类
dt = datetime.now()                        # 获取当前的日期时间对象
str_dt = dt.isoformat()                    # 获取日期时间字符串
# 打印根据指定的日期时间字符串返回对应的datetime对象
print(datetime.fromisoformat(str_dt))
```

输出结果为：

```
2020-05-20 16:43:52.495974
```

5.8　isoformat() 方法——返回 ISO 8601 格式的日期时间字符串

快用标签　isoformat()　today()

最常用　isoformat()，获取使用 ISO 8601 格式表示 datetime 实例的日期和时间的字符串。

```
print(dt.isoformat())                # 打印日期时间对象所对应的字符串【快】
```

语法

datetime 类中的 isoformat() 方法，用于返回一个 ISO 8601 格式的日期时间字符串。语法如下：

```
datetime对象名.isoformat（sep -'T'， timespec-'auto'）
```

参数说明：

- sep：为可选参数，默认值为 T，是一个单字符分隔符，用来分隔结果中的日期和时间部分。
- timespec：为可选参数，默认值为 auto。还可设置以下参数：
  - auto：如果 microsecond 属性为 0 则与 seconds 相同，否则与 microseconds 相同。
  - hours：两位数的 hour，采用 HH 格式。
  - minutes：包含 hour 和 minute，采用 HH：MM 格式。
  - seconds：包含 hour，minute 和 second，采用 HH：MM：SS 格式。
  - milliseconds：包含完整时间，但将秒值小数部分截断至微秒。采用 HH：MM：SS.sss 格式。
  - microseconds：采用 HH:MM:SS.ffffff 格式（包含完整时间）。
- 返回值：返回一个使用 ISO 8601 格式表示 datetime 实例的日期和时间的字符串。

应用

快学快用　获取日期时间对象所对应的字符串

使用 isoformat() 方法获取日期时间对象所对应的字符串。代码如下：

```
from datetime import datetime      # 导入datetime模块中的datetime类
dt = datetime.today()              # 获取当前日期时间
print(dt.isoformat())              # 打印日期时间对象所对应的字符串
```

输出结果为：

```
2020-05-20T16:44:24.631372
```

5.9 isoformat() 方法——返回“YYYY-MM-DD”格式的日期字符串

快用标签 isoformat()　date()　str()

最常用 isoformat()，根据指定的日期对象获取指定格式的日期字符串。

关键代码段

```
print(date_object.isoformat()+'类型为：',type(date_object.isoformat()))【快】
```

➔ 语法

date 类中的 isoformat() 方法，用于根据指定的日期对象返回“YYYY-MM-DD”格式的日期字符串。语法如下：

```
date对象名.isoformat()
```

参数说明：

❖ 返回值：根据指定的日期对象返回“YYYY-MM-DD”格式的日期字符串。

➔ 应用

快学快用　获取指定日期对象的日期字符串

使用 isoformat() 方法获取 2020 年 5 月 20 日对应的日期字符串。代码如下：

```
from datetime import date                    # 导入datetime模块中的date类
date_object = date(2020,5,20)                # 创建指定日期的date对象
print(str(date_object)+'类型为：',type(date_object))
print(date_object.isoformat()+'类型为：',type(date_object.isoformat()))
```

输出结果为：

```
2020-05-20类型为：  <class 'datetime.date'>
2020-05-20类型为：  <class 'str'>
```

5.10 isoformat() 方法——返回“HH:MM:SS.%f”格式的时间字符串

快用标签 isoformat() time()

最常用 isoformat(timespec)，timespec 参数为可选参数，默认值为 auto。

关键代码段

```
print(t.isoformat())                          # 打印默认格式的时间字符串【快】
```

语法

time 类中的 isoformat() 方法，用于返回一个“HH:MM:SS.%f”格式的时间字符串。语法如下：

```
time对象名.isoformat（timespec='auto'）
```

参数说明：

- timespec：为可选参数，默认值为 auto。还可以设置为以下值：
  - auto：表示自动，如果 microsecond 属性为 0，则与 second 相同，否则，与 microseconds 相同。
  - hours：格式为 HH，说明只显示小时。
  - minutes：格式为 HH:MM，说明只显示小时和分钟。
  - seconds：格式为 HH:MM:SS，说明只显示小时、分钟与秒。
  - milliseconds：时间格式为 HH:MM:SS.sss，不会显示微秒。
  - microseconds：时间格式为 HH:MM:SS.ffffff，完整的时间格式。
- 返回值：返回一个“HH:MM:SS.%f”格式的时间字符串。

应用

快学快用 获取指定格式的时间字符串

使用 isoformat() 方法获取指定格式的时间字符串。代码如下：

```
from datetime import time                # 导入datetime模块中的time类
t=time(16,13,56,888)                     # 创建时间对象
print(t.isoformat())                     # 打印默认格式的时间字符串
print(t.isoformat('hours'))
print(t.isoformat('minutes'))
print(t.isoformat('seconds'))
```

```
print(t.isoformat('milliseconds'))
print(t.isoformat('microseconds'))
```

输出结果为：

```
16:13:56.000888
16
16:13
16:13:56
16:13:56.000
16:13:56.000888
```

5.11 strftime() 方法——返回指定格式的日期时间字符串

快用标签 strftime() tody() timedelta()

最常用 strftime(format)，format 参数表示需要指定的显示格式。

关键代码段

```
print(dt.strftime("%d-%m-%y %H:%M"))             # 打印指定格式的日期字符串【快1】
nextday = now + datetime.timedelta(days=days)     # 计算未来日期与时间【快2】
future = datetime.datetime.strptime('2020-10-1 00:00:00','%Y-%m-%d %H:%M:%S')  #【快3】
    print('\r'+'距离国庆节还有：',str(delta.days)+'天'+str(hour) + '小时' + str(minute) + '分' +
str(second) + '秒', end='')  #【快3】
```

➔ 语法

datetime 类中的 strftime() 方法，用于返回指定格式的日期和时间的字符串。语法如下：

```
datetime对象名.strftime(format)
```

参数说明：

❖ format：需要指定的显示格式。

❖ 返回值：返回 format 指定格式的日期和时间的字符串。

➔ 应用

快学快用 1 获取指定格式的日期字符串

strftime() 方法获取指定格式的日期字符串，代码如下：

```
from datetime import datetime                    # 导入datetime模块中的datetime类
dt = datetime.today()                            # 获取当前日期时间
print(dt.strftime("%d-%m-%y %H:%M"))             # 打印指定格式的日期字符串
print(dt.strftime("%d/%m/%y %H:%M"))
print(dt.strftime("%d %m %y %H:%M"))
```

输出结果为：

```
20-05-20 16:45
20/05/20 16:45
20 05 20 16:45
```

快学快用 2　根据输入的天数计算未来日期与星期

首先获取当前的日期与时间，然后计算未来几天后的日期与时间，最后通过 strftime('%A') 获取未来日期的星期。代码如下：

```
import datetime                                  # 导入日期时间模块
now = datetime.datetime.today()                  # 获取当前日期与时间
def is_week(nextday):                            # 根据英文判断星期几
    if nextday.strftime('%A')=='Monday':
        return '（星期一）'
    elif nextday.strftime('%A')=='Tuesday':
        return '（星期二）'
    elif nextday.strftime('%A')=='Wednesday':
        return '（星期三）'
    elif nextday.strftime('%A')=='Thursday':
        return '（星期四）'
    elif nextday.strftime('%A')=='Friday':
        return '（星期五）'
    elif nextday.strftime('%A')=='Saturday':
        return '（星期六）'
    elif nextday.strftime('%A') == 'Sunday':
        return '（星期日）'

def fut(num):
    nextday = now + datetime.timedelta(days=days)     # 计算未来日期与时间
    print('未来',num,'天后是： ' + nextday.strftime('%Y-%m-%d ') +
nextday.strftime('%A')+is_week(nextday))
days = int(input('请输入未来天数，内容必须是数字！：'))  # 获取输入的天数
if days>0:                                       # 判断输入的数字是否大于0
    fut(days)                                    # 调用计算函数
else:
    print('您输入的内容无法计算未来！')
```

程序运行结果如下：

```
请输入未来天数，内容必须是数字！:5
未来 5 天后是: 2020-05-24 Sunday（星期日）
```

快学快用 3　模拟倒计时

实现倒计时，首先需要创建一个目标日期与时间，然后计算时间差，最后通过循环输出时间差的天、小时、分钟、秒数。代码如下：

```python
import datetime                                    # 导入日期时间模块
import time                                        # 导入时间模块
# 创建国庆节时间
future = datetime.datetime.strptime('2020-10-1 00:00:00','%Y-%m-%d %H:%M:%S')
today = datetime.datetime.today().strftime('%Y-%m-%d %H:%M:%S')  # 获取当前年、月、日
print('今天是'+today)
while True:
    today = datetime.datetime.today()              # 获取今天时间
    delta = future - today                         # 计算时间差
    hour = int(delta.seconds / 60 / 60)            # 设定的时间距离当前时间的小时差
    minute = int((delta.seconds - hour * 60 * 60) / 60)   # 设定的时间距离当前时间的分钟差
    second = delta.seconds - hour * 60 * 60 - minute * 60 # 设定的时间距离当前时间的秒钟差
    print('\r'+'距离国庆节还有：',str(delta.days)+'天'+str(hour) + '小时' + str(minute) +
'分' + str(second) + '秒', end='')
    time.sleep(1)                                  # 等待1秒
    if delta.seconds==0:                           # 如果没有时间差，说明已经到10月1日国庆节了
        print('\n国庆节快乐！')
        break
```

程序运行结果如下：

```
今天是2020-05-19 12:56:04
距离国庆节还有： 134天11小时3分50秒
```

倒计时结束后将显示如下结果：

```
今天是2020-10-1 00:00:00
距离国庆节还有： 0天0小时0分0秒
国庆节快乐！
```

5.12 strftime() 方法——返回指定格式的日期字符串

快用标签　strftime()　date()

最常用　strftime(format)，format 参数表示指定日期所显示的格式。

关键代码段

```
print(date_object.strftime('%Y-%m-%d %a %B'))      # 打印指定格式的日期字符串【快】
```

语法

date 类中的 strftime() 方法，用于获取指定格式的日期字符串。语法如下：

```
date.strftime(format)
```

参数说明：

- format：指定日期所显示的格式。
- 返回值：返回指定格式的日期字符串。

应用

快学快用　获取指定格式的日期字符串

使用 strftime() 方法获取指定格式的日期字符串。代码如下：

```
from datetime import date                        # 导入datetime模块中的date类
date_object = date(2020,5,20)                    # 创建指定日期的date对象
print(date_object.strftime('%Y-%m-%d %a %B'))    # 打印指定格式的日期字符串
```

输出结果为：

```
2020-05-20 Wed May
```

5.13 strftime() 方法——根据自定义的格式返回时间字符串

快用标签　strftime()　time()

最常用　strftime(format)，format 参数表示自定义的时间格式。

关键代码段

```
print(t.strftime('%H'))                          # 打印小时【快】
```

语法

time 类中的 strftime() 方法用于根据自定义的格式返回时间字符串。语法如下：

```
time对象名.strftime(format)
```

参数说明：

- format： 自定义的时间格式。
- 返回值：根据自定义的格式返回时间字符串。

➔ 应用

快学快用 获取自定义格式的时间字符串

使用 strftime() 方法实现获取自定义格式的时间字符串。代码如下：

```
from datetime import time                 # 导入datetime模块中的time类
t=time(16,13,56,888)                      # 创建时间对象
print(t.strftime('%H'))                   # 打印小时
print(t.strftime('%H:%M'))                # 打印小时与分钟
```

输出结果为：

```
16
16:13
```

5.14 strptime() 方法——根据指定格式的日期时间字符串获取对应的 datetime 对象

快用标签 strptime()

最常用 strptime(date_string,format)，date_string 表示需要指定的日期时间字符串，format 表示指定日期时间字符串的格式。

```
dt = datetime.strptime('14/08/19 14:45', '%d/%m/%y %H:%M') 【快】
```

➔ 语法

datetime 类中的 strptime() 方法，用于根据指定格式的日期时间字符串，获取对应的 datetime 对象。语法如下：

```
datetime.strptime(date_string,format)
```

参数说明：

- date_string：需要指定的日期时间字符串。
- format：指定日期时间字符串的格式。
- 返回值：返回指定格式的日期时间字符串对应的 datetime 对象。

应用

快学快用 获取指定日期时间字符串所对应的 datetime 对象

使用 strptime() 方法根据指定格式的日期时间字符串，获取对应的 datetime 对象。代码如下：

```
from datetime import datetime            # 导入datetime模块中的datetime类
dt = datetime.strptime('28/05/20 14:45', '%d/%m/%y %H:%M')
print(dt)                                # 打印日期时间对象
import datetime                          # 导入datetime模块
dt = datetime.datetime.strptime('20-5-28', '%y-%m-%d')
print(dt)                                # 打印日期时间对象
dt = datetime.datetime.strptime('20-5-28 14:45:20', '%y-%m-%d %H:%M:%S')
print(dt)
```

输出结果为：

```
2020-05-28 14:45:00
2020-05-28 00:00:00
2020-05-28 14:45:20
```

第6章 时间相关

6.1 ctime() 方法——返回包含时间的日期字符串

快用标签　date.ctime()　date()　print()

最常用　date 对象名.ctime()，获取包含时间的日期字符串。

关键代码段

```
date_object = date(2019,8,13)          # 创建指定日期的date对象【快】
print(date_object.ctime())             # 打印包含时间的日期字符串
```

语法

date 类中的 ctime() 方法用于根据指定的日期对象获取包含时间的日期字符串。语法如下：

```
date对象名.ctime()
```

参数说明：

❖ 返回值：根据指定的日期对象获取指定格式的日期字符串。

应用

快学快用　获取包含时间的日期字符串

使用 ctime() 方法获取 2019 年 8 月 13 日包含时间的日期字符串。代码如下：

```
from datetime import date              # 导入datetime模块中的date类
date_object = date(2019,8,13)          # 创建指定日期的date对象
print(date_object.ctime())             # 打印包含时间的日期字符串
```

输出结果为：

```
Tue Aug 13 00:00:00 2019
```

6.2 fromisoformat() 方法——将时间字符串转换为时间对象

快用标签 time.fromisoformat() time() isoformat() type() print()

最常用 time 对象名.fromisoformat(time_string)，其中，time_string 参数为指定的时间字符串。

关键代码段

```
t=time(16,13,56,888)                                        # 创建时间对象【快1】
time_str = t.isoformat()                                    # 获取时间字符串【快1】
time_object = time.fromisoformat(time_str)                  # 获取时间字符串对应的时间对象【快1】
dtt_micro = dtt.isoformat(timespec="microseconds")          # 精确到微秒【快2】
dtt_milli = dtt.isoformat(timespec="milliseconds")          # 精确到毫秒【快2】
dtt_sec = dtt.isoformat(timespec="seconds")                 # 精确到秒【快2】
dtt_min = dtt.isoformat(timespec="minutes")                 # 精确到分【快2】
dtt_hou = dtt.isoformat(timespec="hours")                   # 精确到时【快2】
dtt_auto = dtt.isoformat(timespec="auto")                   # 自动【快2】
```

语法

time 类中的 fromisoformat() 方法用于将时间字符串转换为时间对象，仅 Python3.7 之后的版本可用。语法如下：

```
time对象名.fromisoformat(time_string)
```

参数说明：

- time_string：指定的时间字符串。
- 返回值：返回时间字符串对应的时间对象。

应用

快学快用 1 获取指定时间字符串对应的时间对象

使用 fromisoformat() 方法获取指定时间字符串对应的时间对象。代码如下：

```
from datetime import time                      # 导入datetime模块中的time类
t=time(16,13,56,888)                           # 创建时间对象
time_str = t.isoformat()                       # 获取时间字符串
print(time_str,'对应的类型为：',type(time_str))
```

```
time_object = time.fromisoformat(time_str)                  # 获取时间字符串对应的时间对象
print(time_object,'对应类型为：',type(time_object))
```

输出结果为：

```
16:13:56.000888 对应的类型为： <class 'str'>
16:13:56.000888 对应类型为： <class 'datetime.time'>
```

快学快用 2　通过指定参数将 ISO8601 标准格式的时间作为字符串返回

在创建一个时间对象后，通过赋值给时间对象不同的参数来返回不同精度的字符串。代码如下：

```
from datetime import time
dtt = time(0, 30, 2, 123456)                                # 创建一个时间对象

dtt_micro = dtt.isoformat(timespec="microseconds")          # 精确到微秒
print('精确到微秒：', dtt_micro)
dtt_milli = dtt.isoformat(timespec="milliseconds")          # 精确到毫秒
print('精确到毫秒：', dtt_milli)
dtt_sec = dtt.isoformat(timespec="seconds")                 # 精确到秒
print('精确到秒：', dtt_sec)
dtt_min = dtt.isoformat(timespec="minutes")                 # 精确到分
print('精确到分：', dtt_min)
dtt_hou = dtt.isoformat(timespec="hours")                   # 精确到时
print('精确到时：', dtt_hou)
dtt_auto = dtt.isoformat(timespec="auto")                   # 自动
print('自动：', dtt_auto)
```

输出结果为：

```
精确到微秒： 00:30:02.123456
精确到毫秒： 00:30:02.123
精确到秒： 00:30:02
精确到分： 00:30
精确到时： 00
自动： 00:30:02.123456
```

6.3 replace() 方法——在不改变原时间对象的情况下替换并返回新的时间对象

快用标签　time.replace()　time()　print()　format()　today()　combine()

最常用　time 对象名.replace()，替换一个或多个与指定参数相对应的属性，并返回一个新的时间对象。

关键代码段

```
t.replace(16,28,40,567)                # 替换时间对象【快1】
t2 = t1.replace(hour=15)               # 替换t1的小时数为15【快2】
t3 = t2.replace(fold=1)                # 设置为无效时间，并没有实际意义【快2】
tt = (21, 30, 45, 99999)               # 创建实例化时间对象所需的元组【快3】
t2 = t1.replace(*tt)                   # 使用元组替换时间对象的属性，记得加*号【快3】
```

➔ 语法

time 类中的 replace() 方法用于在不改变原时间对象的情况下替换一个或多个与指定参数相对应的属性，并返回一个新的时间对象。语法如下：

```
time对象名.replace(hour=self.hour, minute=self.minute, second=self.second, microsecond=self.microsecond, tzinfo=self.tzinfo, *, fold=0)
time.replace(hour=self.hour, minute=self.minute, second=self.second, microsecond=self.microsecond, tzinfo=self.tzinfo, * fold=0)
```

参数说明：

- hour：需要替换的小时。
- minute：需要替换的分钟。
- second：需要替换的秒。
- microsecond：需要替换的微秒。
- tzinfo：需要替换的时区信息。
- fold：0 或 1，默认为 0，用于指定时间是否折叠，时间折叠意味着时钟时间倒退。在夏令时结束后的夏令时，夏令时将倒退 1 小时，这种倒退就是时间的折叠。
- *：splat 运算符。使用 splat 运算符，可以将元组解包，并可以根据元组的值构造时间对象。
- 返回值：返回新的时间对象。

➔ 应用

快学快用 1 在不改变原时间对象的情况下替换并返回新的时间对象

使用 replace() 方法实现在不改变原时间对象的情况下替换并返回新的时间对象。代码如下：

```
from datetime import time                # 导入datetime模块中的time类
t=time(16,13,56,888)                     # 创建时间对象
new_time=t.replace(16,28,40,567)         # 替换时间对象
print('原对象：',t)
print('新对象：',new_time)
```

输出结果为：

```
原对象:  16:13:56.000888
新对象:  16:28:40.000567
```

快学快用 2　替换时间对象的指定属性

创建一个时间对象后，在 replace() 方法中指定需要替换的参数，从而实现替换事件对象对应的属性。代码如下：

```python
import datetime

d1 = datetime.datetime.today()              # 使用今天的日期创建一个日期时间对象
print("今天的日期是：{}".format(d1))
t1 = d1.time()                              # 使用日期时间对象创建一个时间对象
print("现在的时间是：{}".format(t1))
t2 = t1.replace(hour=15)                    # 替换t1的小时数为15
print("新的时间是：{} ".format(t2))
t3 = t2.replace(fold=1)                     # 设置为无效时间，并没有实际意义
print("新的时间是", t3)
```

输出结果为：

```
今天的日期是：2020-05-18 15:09:06.678287
现在的时间是：15:09:06.678287
新的时间是：15:09:06.678287
新的时间是 15:09:06.678287
```

快学快用 3　使用元组批量替换时间对象的属性

如果想要批量替换时间对象的属性，可传入一个元组的参数，但需要注意，在元组前加个 * 号，或者直接传入元组。代码如下：

```python
import datetime

t1 = datetime.time()                        # 创建一个将时间属性为0的时间对象
print('替换前的t1:', t1)
tt = (21, 30, 45, 99999)                    # 创建实例化时间对象所需的元组
t2 = t1.replace(*tt)                        # 使用元组替换时间对象的属性，记得加*号
print('替换后的t1:', t1)                    # 查看是否改变了原属性
print('t2        :', t2)
```

输出结果为：

```
替换前的t1: 00:00:00
替换后的t1: 00:00:00
t2        : 21:30:45.099999
```

快学快用 4 替换日期时间对象中的时间对象的属性后再返回日期时间对象

将日期时间对象（datetime.datetime）中的时间对象（datetime.time）替换完成后，如果需要返回一个日期时间对象，可以使用 datetime.datetime 模块的 combine() 方法。代码如下：

```
import datetime

dt0 = datetime.datetime.today()                    # 使用今天的日期创建一个日期时间对象
print("今天的日期是：{}".format(dt0), '，类型为：', type(dt0))

d1 = dt0.date()                                    # 使用日期时间对象创建一个日期对象
print("现在的日期是：{}".format(d1), '，类型为：', type(d1))
t2 = dt0.time()                                    # 使用日期时间对象创建一个时间对象
print("现在的时间是：{}".format(t2), '，类型为：', type(t2))

t2_hour = t2.replace(hour=15)                      # 替换t2的小时数为15
print("新的时间是：{} ".format(t2_hour), '，类型为：', type(t2_hour))

dt3 = datetime.datetime.combine(d1, t2_hour)       # 组合成一个新的日期时间对象
print("替换后日期是：{}".format(dt3), '，类型为：', type(dt3))
```

输出结果为：

```
今天的日期是：2020-05-18 15:59:50.396389 ，类型为： <class 'datetime.datetime'>
现在的日期是：2020-05-18 ，类型为： <class 'datetime.date'>
现在的时间是：15:59:50.396389 ，类型为： <class 'datetime.time'>
新的时间是：15:59:50.396389 ，类型为： <class 'datetime.time'>
替换后日期是：2020-05-18 15:59:50.396389 ，类型为： <class 'datetime.datetime'>
```

6.4 time() 方法——返回时间对象

快用标签 datetime.time()　today()　print()　type()

最常用 datetime 对象名 .time()，返回时间日期对象中的时间对象。

关键代码段

```
dt = datetime.today()          # 获取当前日期时间【快】
print(dt.time())               # 打印日期时间对象中的时间部分
```

➔ 语法

datetime 类中的 time() 方法用于获取时间对象。获取的时间对象是 naive 对象，它不具有任何时区信息。语法如下：

```
datetime对象名.time()
```

参数说明：

❖ 返回值：返回时间对象。

➔ 应用

快学快用　获取时间对象

使用 time() 方法获取时间对象。代码如下：

```
from datetime import datetime     # 导入datetime模块中的datetime类
dt = datetime.today()             # 获取当前日期时间
print(dt)                         # 打印日期时间
print(dt.time())                  # 打印日期时间对象中的时间部分
print(type(dt))                   # 打印日期时间的类型
print(type(dt.time()))            # 打印时间部分的类型
```

输出结果为：

```
2019-08-14 15:43:43.426307
15:43:43.426307
<class 'datetime.datetime'>
<class 'datetime.time'>
```

6.5 timestamp() 方法——返回当前时间的时间戳

快用标签　datetime.timestamp()　today()　print()

最常用　datetime对象名.timestamp()，返回当前时间的时间戳。

关键代码段

```
dt = datetime.today()             # 获取当前日期时间【快】
print(dt.timestamp())             # 打印对应的时间戳
```

语法

datetime 类中的 timestamp() 方法用于获取当前日期时间对象所对应的时间戳。语法如下：

```
datetime对象名.timestamp()
```

参数说明：

- 返回值：返回当前日期时间对象所对应的时间戳。

应用

快学快用 获取当前日期时间对象所对应的时间戳

使用 timestamp() 方法用于获取当前日期时间对象所对应的时间戳。代码如下：

```
from datetime import datetime               # 导入datetime模块中的datetime类
dt = datetime.today()                       # 获取当前日期时间
print(dt.timestamp())                       # 打印对应的时间戳
```

输出结果为：

```
1565772882.69254
```

6.6 time 类——创建时间对象

快用标签 datetime.time() max min resolution timezone() replace() timedelta()

最常用 datetime.time()，使用 time 类可以创建一个时间对象。

关键代码段

```
from datetime import time                   # 导入datetime模块中的time类【快1】
t=time(16,13,56,888)                        # 创建时间对象【快1】
print(time.max)                             # time类所能表示的最大时间【快2】
print(time.min)                             # time类所能表示的最小时间【快2】
print(time.resolution)                      # 两个不同时间的最小单位【快2】
print(t.tzinfo)                             # 在没有指定时区参数时，返回None【快3】
t1 = datetime.time()                        # 创建一个所有参数均为0的时间对象【快4】
pst = datetime.timezone(dtd, name="PST")    # 创建一个时区【快5】
tl = ti.replace(tzinfo=pst)                 # 通过指定时区实例将naive对象转换为aware对象【快5】
tt = (11, 59, 59, 9999)                     # 定义一个时间元组【快6】
ti = datetime.time(*tt)      # 使用splat运算符解压缩时间元素并创建时间实例，注意添加*【快6】
```

➔ 语法

调用时间类可以创建时间对象，如果调用 time 类的构造方法时没有提供任何参数，则会将小时，分钟，秒和微秒初始化为零。

time 类由 hour、minute、second、microsecond 和 tzinfo 五部分组成，语法如下：

```
datetime.time(hour=0, minute=0, second=0, microsecond=0, tzinfo=None, *, fold=0)
```

参数说明：

- ❖ hour：可选参数，表示小时，取值范围：[0, 23]。
- ❖ minute：可选参数，表示分钟，取值范围：[0, 59]。
- ❖ second：可选参数，表示秒，取值范围：[0, 59]。
- ❖ microsecond：可选参数，表示微秒，取值范围：[0, 999999]。
- ❖ tzinfo：可选参数，时区的相关信息，tzinfo 的子类对象。如果 tzinfo 为 None，则时间对象为 naive 对象。如果 tzinfo 不为 None，则时间对象是 aware 对象。
- ❖ *：可选参数，表示 splat 运算符。使用 splat 运算符，可以将元组解包，并可以根据元组的值构造时间对象。
- ❖ fold：0 或 1，默认为 0，用于指定时间是否折叠，时间折叠意味着时钟时间倒退。在夏令时结束后的夏令时，夏令时将倒退 1 小时，这种倒退就是时间的折叠。

注意：如果传递的参数超出取值范围，则会抛出 ValueError 异常。

➔ 应用

快学快用 1　hour、minute、second 以及 microsecond（时、分、秒、微秒）属性

使用 time 类对象提供的属性获取时间对象的时、分、秒、微秒信息。代码如下：

```
from datetime import time                          # 导入datetime模块中的time类
t=time(16,13,56,888)                               # 创建时间对象
print(t)
print(t.hour,t.minute,t.second,t.microsecond)      # 获取时、分、秒、微秒
```

输出结果为：

```
16:13:56.000888
16 13 56 888
```

快学快用 2　min、max、resolution（时间对象的最大时间与最小时间、时间的最小单位）属性

使用 time 类对象提供的属性获取时间对象的最大时间、最小时间以及时间的最小单位。代码如下：

```
from datetime import time                          # 导入datetime模块中的time类
print(time.max)                                    # time类所能表示的最大时间
```

```
print(time.min)                          # time类所能表示的最小时间
print(time.resolution)                   # 两个不同时间的最小单位
```

输出结果为：

```
23:59:59.999999
00:00:00
0:00:00.000001
```

快学快用 3　tzinfo——返回时区信息对象

使用 time 类对象提供的 tzinfo 属性获取时间对象的时区信息对象。代码如下：

```
from datetime import time                # 导入datetime模块中的time类
t=time(16,13,56,888)                     # 创建时间对象
print(t.tzinfo)                          # 在没有指定时区参数时，返回None
```

输出结果为：

```
None
```

快学快用 4　创建一个空的时间对象

从 datetime 模块引入 time 类后，在使用该类实例化一个对象的过程中，如果不传入任何参数，就会创建一个空的时间对象。代码如下：

```
import datetime

t1 = datetime.time()                     # 创建一个所有参数均为0的时间对象
print('t1：', t1, '，类型为：', type(t1))
t2 = t1.replace(23)                      # 将小时替换为23，创建一个新的时间对象
print('t2：', t2, '，类型为：', type(t2))
t3 = t2.replace(minute=30)               # 将分钟替换为30
print('t2：', t3, '，类型为：', type(t3))
```

输出结果为：

```
t1： 00:00:00 ，类型为： <class 'datetime.time'>
t2： 23:00:00 ，类型为： <class 'datetime.time'>
t2： 23:30:00 ，类型为： <class 'datetime.time'>
```

快学快用 5　使用 tzinfo 创建一个时间对象

从 datetime 模块引入 time 类后，在使用该类实例化一个对象的过程中，传入不同的时区参数就可以创建不同的时区对象。代码如下：

```
import datetime

ti = datetime.time(1, 15, 16, 17)                # 创建1小时15分钟16秒17微秒的时间实例
print('ti: ', ti, ', 类型为: ', type(ti))
dtd = datetime.timedelta(hours=-8)               # 使用timedelta创建时区实例
print('dtd: ', dtd, ', 类型为: ', type(dtd))
pst = datetime.timezone(dtd, name="PST")         # 创建一个时区
tl = ti.replace(tzinfo=pst)                      # 通过指定时区实例将naive对象转换为aware对象
print('tl: ', tl, ', 类型为: ', type(tl))
```

输出结果为:

```
ti:  01:15:16.000017 , 类型为:  <class 'datetime.time'>
dtd:  -1 day, 16:00:00 , 类型为:  <class 'datetime.timedelta'>
tl:  01:15:16.000017-08:00 , 类型为:  <class 'datetime.time'>
```

快学快用 6　使用 splat 运算符创建一个时间对象

从 datetime 模块引入 time 类后，在使用该类实例化一个对象的过程中，可以通过 slplat 运算符传入一个元组来创建一个时间对象。代码如下：

```
import datetime
tt = (11, 59, 59, 9999)          # 定义一个时间元组
ti = datetime.time(*tt)          # 使用splat运算符解压缩时间元素并创建时间实例，注意添加*
print('ti: ', ti, ', 类型为: ', type(ti))
```

输出结果为:

```
ti:  11:59:59.009999 , 类型为:  <class 'datetime.time'>
```

第7章　日期相关

7.1　date() 方法——返回日期对象

快用标签　datetime.date()　type()　print()　today()

最常用　datetime对象名.date()，返回 datetime 对象中的日期对象。

关键代码段

```
dt = datetime.today()                # 获取当前日期时间【快】
print(dt.date())                     # 打印日期时间对象中的日期部分
```

➔ 语法

datetime 类中的 date() 方法，用于获取日期时间对象中日期部分的 date 对象。语法如下：

```
datetime对象名.date()
```

参数说明：

❖ 返回值：返回日期时间对象中日期部分的 date 对象。

➔ 应用

快学快用　获取日期时间对象中日期部分的 date 对象

使用 date() 方法获取日期时间对象中日期部分的 date 对象。代码如下：

```
from datetime import datetime        # 导入datetime模块中的datetime类
dt = datetime.today()                # 获取当前日期时间
print(dt)                            # 打印日期时间
print(dt.date())                     # 打印日期时间对象中的日期部分
print(type(dt))                      # 打印日期时间的类型
print(type(dt.date()))               # 打印日期部分的类型
```

输出结果为：

```
2019-08-14 15:35:03.816531
2019-08-14
<class 'datetime.datetime'>
<class 'datetime.date'>
```

7.2 date 类——创建日期对象

快用标签 datetime.date() year month day today()

最常用 datetime.date(year,month,day)，其中，year、month、day 分别代表年、月、日。

关键代码段

```
import datetime                                  # 导入日期时间模块【快1】
print(datetime.date(2019,8,1))                   # 输出date对象【快1】
date_object=datetime.date(2019,8,1)              # 创建日期对象【快2】
print('日期对象的年为：',date_object.year)         # 获取年【快2】
print('日期对象的月为：',date_object.month)        # 获取月【快2】
print('日期对象的日为：',date_object.day)          # 获取日【快2】
print(datetime.date.min)                         # 打印日期最小值【快3】
print(datetime.date.max)                         # 打印日期最大值【快3】
print(datetime.date.resolution)                  # 打印日期最小单位【快3】
ddt = datetime.datetime.today()                  # 获取今天的日期时间对象【快4】
year = ddt.year                                  # 获取年【快4】
month = ddt.month                                # 获取月【快4】
day = ddt.day                                    # 获取日【快4】
da = datetime.date(year, month, day)             # 生成日期对象【快4】
```

➔ 语法

datetime.date 类由 year、month 及 day 构成，返回 year-month-day。由于 Python 中的日期类对象既不存储时区信息也不存储夏令时信息，因此日期对象可称为 naive 对象。

datetime.date 类的语法如下：

```
datetime.date(year,month,day)
```

参数说明：

❖ year：必须参数，年，取值范围：[1, 9999]。

- month：必须参数，月，取值范围：[1, 12]。
- day：必须参数，一个月中的第几天，取值范围：[1, 指定年份的月份中的天数]，最大值根据给定的 year 和 month 参数来决定。

注意：如果传递的参数超出取值范围，则会抛出 ValueError 异常。

➔ 应用

快学快用 1　创建指定日期的 date 对象

通过设置指定的年、月、日参数，创建一个 date 对象。代码如下：

```
import datetime                          # 导入日期时间模块
print(datetime.date(2020,8,1))           # 输出date对象
```

输出结果为：

```
2020-08-01
```

快学快用 2　获取 date 对象中的年、月、日

datetime.date 对象提供了 year、month 以及 day 属性，分别用于获取日期对象中的年、月、日。代码如下：

```
import datetime                          # 导入日期时间模块
date_object=datetime.date(2020,8,1)      # 创建日期对象
print('日期对象的年为：',date_object.year)     # 获取年
print('日期对象的月为：',date_object.month)    # 获取月
print('日期对象的日为：',date_object.day)      # 获取日
```

输出结果为：

```
日期对象的年为：  2020
日期对象的月为：  8
日期对象的日为：  1
```

快学快用 3　获取日期的最小单位、最大值与最小值

datetime.date 对象提供了 resolution、max 以及 min 属性，分别用于获取日期对象中的最小单位、最大值和最小值。代码如下：

```
import datetime                          # 导入日期时间模块
print(datetime.date.min)                 # 打印日期最小值
print(datetime.date.max)                 # 打印日期最大值
print(datetime.date.resolution)          # 打印日期最小单位
```

输出结果为：

```
0001-01-01
9999-12-31
1 day, 0:00:00
```

快学快用 4　将 datetime 对象转换为 date 对象

获取完日期时间（datetime）对象后，将获取到对应的年月日属性，通过这些属性和 date 类，生成一个日期对象。代码如下：

```
import datetime
ddt = datetime.datetime.today()                    # 获取今天的日期时间对象
print('ddt: ', ddt, ', ddt的类型为: ', type(ddt))
year = ddt.year                                    # 获取年
month = ddt.month                                  # 获取月
day = ddt.day                                      # 获取日
da = datetime.date(year, month, day)               # 生成日期对象
print('da : ', da, ', da 的类型为: ', type(da))
```

输出结果为：

```
ddt:  2020-05-19 09:32:13.106437 , ddt的类型为:  <class 'datetime.datetime'>
da :  2020-05-19 , da 的类型为:  <class 'datetime.date'>
```

7.3 fromisoformat() 方法——根据日期返回对应的 date 对象

快用标签　date.fromisoformat()　type()　print()

最常用　date.fromisoformat(date_string)，其中，date_string 参数为指定的字符串日期，其格式为 YYYY-MM-DD。

关键代码段

```
from datetime import date                                  # 导入datetime模块中的date类【快1】
print(date.fromisoformat('2019-08-13'))                    # 打印指定字符串日期对应的日期对象【快1】
date_format = datetime.date.fromisoformat(date_str)# 转换为日期对象【快2】
```

➔ 语法

date 类中的 fromisoformat() 方法用于获取指定字符串日期对应的日期对象。语法如下：

```
date.fromisoformat (date_string)
```

参数说明：

- date_string：指定的字符串日期，其格式为 YYYY-MM-DD。
- 返回值：返回指定字符串日期对应的日期对象。

应用

快学快用 1　获取指定字符串日期对应的日期对象

使用 fromisoformat() 方法获取指定字符串日期对应的日期对象，代码如下：

```
from datetime import date                        # 导入datetime模块中的date类
print(date.fromisoformat('2019-08-13'))          # 打印指定字符串日期对应的日期对象
```

输出结果为：

```
2019-08-13
```

快学快用 2　将 ISO 标准格式的日期字符串转换为日期对象

定义一个标准格式的日期字符串后，使用 datetime.date.fromisoformat() 方法来转换为日期对象。代码如下：

```
import datetime

date_str = '2020-10-10'                                 # 日期字符串
print('date_str:', date_str, 'type:', type(date_str))
date_format = datetime.date.fromisoformat(date_str)    # 转换为日期对象
print('date_format:', date_format, 'type:', type(date_format))
```

输出结果为：

```
date_str: 2020-10-10 type: <class 'str'>
date_format: 2020-10-10 type: <class 'datetime.date'>
```

7.4　fromordinal() 方法——根据指定的天数返回对应的 date 对象

快用标签　date.fromordinal()　toordinal()　print()

最常用　date.fromordinal(ordinal)，其中，ordinal 参数为指定的天数。

关键代码段

```
print(date.fromordinal(1))                  # 打印1天对应的日期对象【快1】
bgl = datetime.date.fromordinal(nol)        # 转换为日期【快2】
am = datetime.date.fromordinal(bm + 1)      # 超出最大天数【快2】
```

➔ 语法

date 类中的 fromordinal() 方法，用于获取指定天数对应的 date 对象，其中第 1 年 1 月 1 日的序数为 1。语法如下：

```
date.fromordinal(ordinal)
```

参数说明：

- ordinal：指定的天数。
- 返回值：返回指定天数对应的 date 对象，其中第 1 年 1 月 1 日的序数为 1。

➔ 应用

快学快用 1　获取指定天数对应的 date 对象

使用 fromordinal() 方法获取指定天数对应的日期。代码如下：

```
from datetime import date                   # 导入datetime模块中的date类
print(date.fromordinal(1))                  # 打印1天对应的日期对象
```

输出结果为：

```
0001-01-01
```

快学快用 2　使用负数天数和超出最大天数的情况

在使用 fromordinal() 方法的过程中，如果传入的参数超出范围或者小于所指定的范围，就会抛出 ValueError 的异常，代码如下：

```
import datetime

nol = -52                                   # 使用负数天数
bm = datetime.date.max.toordinal()          # 获取最大天数
print(f"最大天数为：{bm}")
try:
    bgl = datetime.date.fromordinal(nol)    # 转换为日期
    print("公历1日前的某个日期:%s" % bgl)     # 不会执行
except ValueError as Ex:
```

```
    print("使用负数天数报错: ", Ex)

try:
    am = datetime.date.fromordinal(bm + 1)      # 超出最大天数
    print("公历的日期超出 %d:%s" % (bm, am))     # 不会执行
except ValueError as Ex:
    print(f"超出最大天数报错: ", Ex)
```

输出结果为:

```
最大天数为: 3652059
使用负数天数报错:  ordinal must be >= 1
超出最大天数报错:  year 10000 is out of range
```

7.5 fromtimestamp() 方法——根据时间戳返回 date 对象

快用标签 date.fromtimestamp() time() type() print()

最常用 date.fromtimestamp（timestamp），其中，timestamp 参数为时间戳。

关键代码段

```
print(date.fromtimestamp(time.time()))        # 打印当前时间戳对应的date对象【快1】
df = datetime.date.fromtimestamp(0)            # 获取公历开始时的日期【快2】
```

➔ 语法

date 类中的 fromtimestamp() 方法用于获取指定时间戳对应的 date 对象。语法如下：

```
date.fromtimestamp(timestamp)
```

参数说明：

❖ timestamp：指定的时间戳。

❖ 返回值：返回指定时间戳对应的 date 对象。

➔ 应用

快学快用 1 获取指定时间戳的 date 对象

使用 fromtimestamp() 方法获取指定时间戳的 date 对象，代码如下：

```
from datetime import date                  # 导入datetime模块中的date类
import time                                # 导入时间模块
print(date.fromtimestamp(time.time()))     # 打印当前时间戳对应的date对象
```

输出结果为：

```
2019-08-13
```

快学快用 2　获取公历开始时的日期

如果要获取公历开始时的日期，就需要将时间戳设置为 0。代码如下：

```
import datetime
df = datetime.date.fromtimestamp(0)        # 获取公历开始时的日期
print('日期为：', df)
print('类型为：', type(df))
```

输出结果为：

```
日期为：  1970-01-01
类型为：  <class 'datetime.date'>
```

7.6 fromtimestamp() 方法——根据时间戳创建 datetime 对象

快用标签　datetime.fromtimestamp()　　time()

最常用　datetime.fromtimestamp（timestamp），其中，timestamp 参数为时间戳。

关键代码段

```
print(datetime.fromtimestamp(time.time()))     # 根据当前时间戳创建datetime对象【快1】
a = datetime.datetime.fromtimestamp(stamp)     # 相差的时间戳 日期时间【快2】
```

➔ 语法

datetime 类中的 fromtimestamp() 方法可以根据指定的时间戳创建一个 datetime 对象。语法如下：

```
datetime.fromtimestamp（timestamp，tz = None ）
```

参数说明：

- timestamp：指定的时间戳。
- tz：时区信息。
- 返回值：根据指定的时间戳返回一个 datetime 对象。

应用

快学快用 1 根据指定的时间戳创建一个 datetime 对象

使用 fromtimestamp() 方法根据指定的时间戳创建一个 datetime 对象。代码如下：

```
from datetime import datetime                    # 导入datetime模块中的datetime类
import time                                      # 导入时间模块
print(datetime.fromtimestamp(time.time()))       # 根据当前时间戳创建datetime对象
```

输出结果为：

```
2019-08-14 13:24:03.078175
```

快学快用 2 获取两个时间戳相差的日期时间

通过两个时间戳相减，再使用 fromtimestamp() 方法就可以将相差的时间戳转换为日期差，再减去时间戳开始时的时间日期，就能获得两个时间戳之间相差的具体日期时间。代码如下：

```
import datetime

stamp_start = 1589945012.5059443
stamp_end = 1589946088.5059666
stamp = stamp_end - stamp_start
print('stamp: ', stamp)
a = datetime.datetime.fromtimestamp(stamp)      # 相差的时间戳 日期时间
b = datetime.datetime.fromtimestamp(0)          # 公历开始时间
c = a - b                                       # 日期时间差
print('相差的时间为: ', c)
```

输出结果为：

```
stamp:  1076.0000224113464
相差的时间为:  0:17:56.000022
```

7.7 replace() 方法——在不改变原日期对象的情况下替换并返回新的日期对象

快用标签 date.replace() date() id() print() format()

最常用 date.replace(year=self.year, month=self.month, day=self.day)，其中，year 参数为需要替换的年份，month 参数为需要替换的月份，day 参数为需要替换的天（日）。

关键代码段

```
date_object = date(2019,5,1)                          # 创建指定日期的date对象【快1】
print('原对象：',date_object)                          # 打印原date对象【快1】
print('新对象：',date_object.replace(2019,8,13))        # 打印替换后的新date对象【快1】
date_3 = date_0.replace(date_1.year, date_1.month, date_1.day)  # 使用date_1替换date_0【快2】
```

➔ 语法

date 类中的 replace() 方法用于在不改变原日期对象的情况下替换并返回新的日期对象。语法如下：

```
date对象名.replace(year=self.year, month=self.month, day=self.day)
```

参数说明：

- year：需要替换的年份。
- month：需要替换的月份。
- day：需要替换的天（日）。
- 返回值：替换并返回一个新的 date 对象。

➔ 应用

快学快用 1　替换日期对象

使用 replace() 方法实现替换并返回一个新的 date 对象。代码如下：

```
from datetime import date                         # 导入datetime模块中的date类
date_object = date(2019,5,1)                      # 创建指定日期的date对象
print('原对象：',date_object)                      # 打印原date对象
print('新对象：',date_object.replace(2020,8,13))    # 打印替换后的新date对象
print('原对象id为：',id(date_object))
print('新对象id为：',id(date_object.replace(2020,8,13)))
```

输出结果为：

```
原对象：  2019-05-01
新对象：  2020-08-13
原对象id为：  2256566605680
新对象id为：  2256570079440
```

快学快用 2 使用新的日期对象替换当前日期对象

如果将一个日期替换为另一个日期，可参考如下代码：

```
import datetime

# 生成两个日期对象
date_0 = datetime.date(2019, 1, 1)
date_1 = datetime.date(2020, 2, 2)
print("date_0: {}".format(date_0))
print("date_1: {}".format(date_1))
date_2 = date_0.replace(year=2019, month=7, day=4)          # 具体日期替换date_0内的数据
print("date_2: {}".format(date_2))
date_3 = date_0.replace(date_1.year, date_1.month, date_1.day) # 使用date_1替换date_0
print("date_3: {}".format(date_3))
```

输出结果为：

```
date_0: 2019-01-01
date_1: 2020-02-02
date_2: 2019-07-04
date_3: 2020-02-02
```

7.8 today() 方法——获取当前本地日期的 date 对象

快用标签 date.today() input() print()

最常用 date.today()，获取当前的日期对象。

关 键 代 码 段

```
from datetime import date                        # 导入datetime模块中的date类【快1】
print(date.today())                              # 打印当前本地日期【快1】
today_change = datetime.date.today()             # 获取本地日期【快2】
```

➔ 语法

date 类中的 today() 方法用于返回当前的本地日期，相当于 date.fromtimestamp(time.time())。语法如下：

```
date.today()
```

参数说明：

❖ 返回值：返回当前的本地日期。

➔ 应用

快学快用 1　获取当前本地日期

使用 today() 方法获取当前本地日期的 date 对象。代码如下：

```
from datetime import date          # 导入datetime模块中的date类
print(date.today())                # 打印当前本地日期
```

输出结果为：

```
2020-05-13
```

快学快用 2　本地日期改变后，today() 方法也会随之改变

使用 today() 方法获取的时间是当前系统时间，如果通过程序改变了系统时间，再次使用 today() 方法时，时间也会随之改变。代码如下：

```
import datetime

today = datetime.date.today()    # 获取本地日期
print('现在是：', today)
input('请手动改变系统的时间后，在本窗口按下回车！')
today_change = datetime.date.today()
print('现在是：', today_change)
```

输出结果为：

```
现在是：  2020-05-20
请手动改变系统的时间后，在本窗口按下回车！
现在是：  2020-05-17
```

7.9 toordinal() 方法——返回自 0001 年 01 月 01 日开始的第多少天

快用标签　date.tootdinal()　date()　today()　sleep()　print()

最常用　date.toordinal()，返回自 0001 年 01 月 01 日开始至当前日期对象的天数。

关键代码段

```
from datetime import date                       # 导入datetime模块中的date类【快1】
date_object = date(2019,5,12)                   # 创建指定日期的date对象【快1】
print(date_object.toordinal())                  # 打印自0001年01月01日开始至当前日期对象的天数【快1】
bir_days = date_bir.toordinal()                 # 出生日期到0001-01-01的天数【快2】
now_days = date_now.toordinal()                 # 当前日期到0001-01-01的天数【快2】
now_days = now.toordinal()                      # 现在到0001-01-01的天数【快3】
col_days = college_exam_time.toordinal()        # 高考到0001-01-01的天数【快3】
days = col_days - now_days                      # 获取剩余天数【快3】
```

语法

date 类中的 toordinal() 方法用于获取自 0001 年 01 月 01 日开始至当前日期对象的天数。语法如下：

```
date.toordinal()
```

参数说明：

❖ 返回值：返回自 0001 年 01 月 01 日开始至当前日期对象的天数。

应用

快学快用 1　获取自 0001 年 01 月 01 日开始至当前日期对象的天数

使用 toordinal() 方法获取自 0001 年 01 月 01 日开始至当前日期对象的天数。代码如下：

```
from datetime import date                # 导入datetime模块中的date类
date_object = date(2019,5,12)            # 创建指定日期的date对象
print(date_object.toordinal())           # 打印自0001年01月01日开始至当前日期对象的天数
```

输出结果为：

```
737191
```

快学快用 2　获取距出生日期的天数

首先需要将出生日期转换成一个日期对象，再生成一个当前日期的对象，分别调用 toordinal() 方法就可以获取到距离 0001 年 01 月 01 日的天数，最后相减就可以计算出现在距离出生日期的天数。代码如下：

```
import datetime

date_bir = datetime.date(1996, 8, 2)     # 出生日期
```

```
date_now = datetime.date.today()                    # 当前日期

bir_days = date_bir.toordinal()                     # 出生日期到0001-01-01的天数
now_days = date_now.toordinal()                     # 当前日期到0001-01-01的天数

days = now_days - bir_days
print('您已存活了 %d 天' % days)
```

输出结果为：

```
您已存活了 8691 天
```

快学快用 3　高考天数倒计时

历年的高考时间都为 6 月 7 日，可以通过获取当前的日期到高考日期的天数来实现高考天数倒计时的功能。代码如下：

```
import datetime
import time

while True:
    now = datetime.date.today()                         # 获取现在的时间
    now_year = now.year                                 # 获取当前年份
    college_exam_time = datetime.date(now_year, 6, 7) # 历年高考时间6月7日
    now_days = now.toordinal()                          # 现在到0001-01-01的天数
    col_days = college_exam_time.toordinal()            # 高考到0001-01-01的天数
    days = col_days - now_days                          # 获取剩余天数

if days in [-1, 0]:
    end_str = '高考正在进行中！'
elif days < 0:
    days = datetime.date(now_year + 1, 6, 7).toordinal() - now_days
    end_str = '距离高考还有 %d 天' % days
else:
    end_str = '距离高考还有 %d 天' % days

    for i in end_str:
        print(i, end='')                                # 逐字打印
        time.sleep(0.5)
    print('\r', '', end='')                             # 清空控制台
    time.sleep(1)
```

输出结果为：

```
距离高考还有 19 天
```

7.10 toordinal() 方法——返回自 0001 年 01 月 01 日开始的第多少天

快用标签 datetime.tootdinal() today() datetime() print()

最常用 datetime 对象 .toordinal()，返回自 0001 年 01 月 01 日开始至当前日期对象的天数。

关键代码段

```
from datetime import datetime                # 导入datetime模块中的datetime类【快1】
dt = datetime.today()                        # 获取当前日期时间【快1】
print(dt.toordinal())                        # 打印自0001年01月01日开始至当前日期时间的天数【快1】
days_start = datetime_start.toordinal()      # 获取开始日期的天数【快2】
days_end = datetime_end.toordinal()          # 获取结束日期的天数【快2】
```

语法

datetime 类中的 toordinal() 方法，用于获取自 0001 年 01 月 01 日开始至当前日期时间的天数。语法如下：

```
datetime对象名.toordinal()
```

参数说明：

❖ 返回值：返回自 0001 年 01 月 01 日开始至当前日期时间的天数。

应用

快学快用 1　获取自 0001 年 01 月 01 日开始至当前日期时间的天数

使用 toordinal() 方法获取自 0001 年 01 月 01 日开始至当前日期时间的天数。代码如下：

```
from datetime import datetime     # 导入datetime模块中的datetime类
dt = datetime.today()             # 获取当前日期时间
print(dt.toordinal())             # 打印自0001年01月01日开始至当前日期时间的天数
```

输出结果为：

```
737285
```

快学快用 2　获取两个日期之间的天数

通过 toordianl() 方法可以获取两个日期即从 0001 年 01 月 01 日开始到现在的天数，将这两个天数相减就可以获取两个日期之间的时间差。代码如下：

```
import datetime

datetime_start = datetime.datetime(year=2020, month=2, day=2) # 开始日期
datetime_end = datetime.datetime(year=2020, month=5, day=20)  # 结束日期
days_start = datetime_start.toordinal()                       # 获取开始日期的天数
print('days_start:', days_start)
days_end = datetime_end.toordinal()                           # 获取结束日期的天数
print('days_end:', days_end)
days = days_end - days_start                                  # 两个日期天数差
print('两个日期相差 %d 天' % days)
```

输出结果为：

```
days_start: 737457
days_end: 737565
两个日期共相差 108 天
```

第8章 星期相关

8.1 isocalendar() 方法——返回包含年份、周数、星期数的元组

快用标签 isocalendar() date() str() print() input() range() not in if

最常用 date对象名.isocalendar()，根据指定的日期对象获取对应的年份、周数、星期数所组成的元组。

关键代码段

```
date_object = date(2019,8,13)            # 创建指定日期的date对象【快1】
date_tuple = date_object.isocalendar()   # 日期对应的年份、周数以及星期数元组【快1】
date_iso = date_day.isocalendar()        # 获取年份、周数、星期数的元组【快2】
```

➔ 语法

date 类中的 isocalendar() 方法用于根据指定的日期对象获取对应的年份、周数、星期数所组成的元组。语法如下：

```
date对象名.isocalendar()
```

参数说明：

❖ 返回值：根据指定的日期对象返回对应的年份、周数、星期数所组成的元组。

➔ 应用

快学快用 1 获取指定日期对象的年份、周数与星期数

使用 isocalendar() 方法获取 2020 年 8 月 13 日对应的年份、周数以及星期数。代码如下：

```
from datetime import date                # 导入datetime模块中的date类
date_object = date(2020,8,13)            # 创建指定日期的date对象
date_tuple = date_object.isocalendar()   # 日期对应的年份、周数以及星期数元组
print(str(date_tuple[0])+'年')
print('第'+str(date_tuple[1])+'周')
```

```
print('星期'+str(date_tuple[2]))
```

输出结果为：

```
2020年
第33周
星期4
```

快学快用 2　判断用户的输入日期是不是母亲节

母亲节在每年并没有固定的日期，国内通常把母亲节定义为每年 5 月的第二个星期日，通过 isocalendar() 方法可以获取到包含周数和星期数的元组，通过这些参数就可以判断出用户输入的日期是否为母亲节。代码如下：

```
import datetime

# 母亲节为每年5月第二个星期天
while True:
    date_str = input('请输入日期字符串，格式为YYYY-MM-DD（例：2020-05-10）：')

    try:
        date_day = datetime.date.fromisoformat(date_str)   # 日期字符串转换为日期格式
    except ValueError as e:
        print('请输入正确的日期格式')
        continue

    # 如果不是5月或者日期不在7号到14号之间就都不是母亲节
    if date_day.month != 5 or date_day.day not in range(7, 14):
        print('%s 这一天不是母亲节' % date_str)
        continue

    date_iso = date_day.isocalendar()                       # 获取年份、周数、星期数的元组

    if date_iso[2] == 7:
        print('%s 这一天是母亲节' % date_str)
    else:
        print('%s 这一天不是母亲节' % date_str)
```

输出结果为：

```
请输入日期字符串，格式为YYYY-MM-DD（例：2020-05-10）：2012-05-13
2012-05-13 这一天是母亲节
请输入日期字符串，格式为YYYY-MM-DD（例：2020-05-10）：2015-05-10
2015-05-10 这一天是母亲节
```

```
请输入日期字符串，格式为YYYY-MM-DD（例：2020-05-10）：2020-05-17
2020-05-17 这一天不是母亲节
请输入日期字符串，格式为YYYY-MM-DD（例：2020-05-10）：
```

8.2 isocalendar() 方法——返回包含年份、周数、星期数的元组

快用标签　datetime.isocalendar()　today()　datetime()　date()

最常用　datetime对象名.isocalendar()，返回一个包含给定日期时间对象的 ISO year、ISO week number 和 ISO weekday 的元组。

关键代码段

```
dt = datetime.today()        # 获取当前日期时间【快1】
print(dt.isocalendar())      # 打印当前日期的年份、周数、星期数的元组【快1】
datetime_start = datetime.datetime(year=2020, month=5, day=2)   # 开始日期【快2】
datetime_end = datetime.datetime(year=2020, month=5, day=20)    # 结束日期【快2】
calendar_start = datetime_start.isocalendar()     # 获取包含周数和星期数的元组【快2】
calendar_end = datetime_end.isocalendar()         # 获取包含周数和星期数的元组【快2】
```

➔ 语法

datetime 类中的 isocalendar() 方法用于返回一个包含给定日期时间对象的 ISO year、ISO week number 和 ISO weekday 的元组。语法如下：

```
datetime对象名.isocalendar()
```

参数说明：

❖ 返回值：返回一个包含给定日期时间对象的 ISO year、ISO week number 和 ISO weekday 的元组。

➔ 应用

快学快用 1　获取包含年份、周数、星期数的元组

使用 isocalendar() 方法获取包含年份、周数、星期数的元组。代码如下：

```
from datetime import datetime   # 导入datetime模块中的datetime类
```

```
dt = datetime.today()                       # 获取当前日期时间
print(dt.isocalendar())                     # 打印当前日期的年份、周数、星期数的元组
```

输出结果为：

```
(2020,25,5)
```

快学快用 2　计算同一年内两个日期之间相差多少周

通过 isocalendar() 方法可以获取包含周数和星期数的元组，再比较相关的信息，就可以输出两个日期相差的周数和天数。代码如下：

```
import datetime

datetime_start = datetime.datetime(year=2020, month=5, day=2)  # 开始日期
datetime_end = datetime.datetime(year=2020, month=5, day=20)    # 结束日期
calendar_start = datetime_start.isocalendar()    # 获取包含周数和星期数的元组
calendar_end = datetime_end.isocalendar()        # 获取包含周数和星期数的元组

if calendar_end[2] >= calendar_start[2]:         # 结束日期的星期数大于开始日期的星期数
    week = calendar_end[1] - calendar_start[1]   # 相差几周
    day = calendar_end[2] - calendar_start[2]    # 相差几天
else:                                            # 结束日期的星期数小于开始日期的星期数
    week = calendar_end[1] - calendar_start[1] - 1              # 相差几周，周数减1
    day = calendar_end[2] - calendar_start[2] + 7               # 相差几天，天数加7

date_start = datetime_start.date()                              # 开始日期
date_end = datetime_end.date()                                  # 结束日期
print('%s 与 %s 之间相差了 %d 周 %d 天' % (date_end, date_start, week, day))
```

输出结果为：

```
2020-05-20 与 2020-05-02 之间相差了 2 周 4 天
```

8.3 isoweekday() 方法——返回当前日期的星期序号

快用标签　datetime.isoweekday()　today()　if　else　replace()　print()

最常用　datetime对象名.isoweekday()，返回当前日期在一周内的序号，即星期几，其中星期一表示为 1，星期日表示为 7。

关键代码段

```
dt = datetime.today()                # 获取当前日期时间【快1】
print(dt.isoweekday())               # 打印当前日期对应的星期【快1】
dt = datetime.datetime.today()       # 获取当前的日期时间【快2】
wd = dt.isoweekday()                 # 获取当前是星期几（1~7）【快2】
```

语法

datetime 类中的 isoweekday() 方法用于返回当前日期在一周内的序号，即星期几，其中星期一表示为 1，星期日表示为 7。语法如下：

```
datetime对象名.isoweekday()
```

参数说明：

❖ 返回值：返回当前日期在一周内的序号，即星期几，其中星期一表示为 1，星期日表示为 7。

应用

快学快用 1　获取当前日期的星期

使用 isoweekday() 方法获取当前日期的星期。代码如下：

```
from datetime import datetime          # 导入datetime模块中的datetime类
dt = datetime.today()                  # 获取当前日期时间
print(dt.isoweekday())                 # 打印当前日期对应的星期
```

输出结果为：

```
4
```

快学快用 2　判断当前日期距离休息日有多少时间

假设每天 17 点下班，星期六、星期日休息，通过 today() 方法获取当前的日期时间，再使用 isoweekday() 方法获取今天是星期几，即可判断还有多少时间到休息日。代码如下：

```
import datetime

dt = datetime.datetime.today()         # 获取当前的日期时间
print('当前日期为：', dt)
wd = dt.isoweekday()                   # 获取当前是星期几（1~7）
rd = 5 - wd                            # 计算还剩几天上班的时间
if rd < 0:
```

```
        print('您正在休息！')
    else:
        # 假设每天的17点下班，生成一个下班的日期时间对象
        tr = dt.replace(hour=17, minute=0, second=0, microsecond=0)
        time_difference = tr - dt                        # 时间差
        if time_difference.days == -1:                   # 时间超出17点的情况
            print('距离休息还有%s天，请继续加油！' % rd)
        else:                                            # 时间不到17点的情况
            print('距离休息还有%s天，请继续加油！' % rd, time_difference)
```

输出结果为：

```
当前日期为:  2020-05-19 17:23:45.826844
距离休息还有3天，请继续加油！
```

8.4 isoweekday() 方法——返回当前日期的星期序号

快用标签 date.isoweekday() date() today() print() day strftime() format()

最常用 date 日期对象 .isoweekday()，返回指定日期对象为星期几。

关键代码段

```
date_object = date(2019,8,13)                    # 创建指定日期的date对象【快1】
print(str(date_object)+'为  星期'+str(date_object.isoweekday()))  # 打印星期序号【快1】
today = datetime.date.today()                    # 获取今天的日期【快3】
week_day = today.isoweekday()                    # 获取今天是星期几【快3】
```

➔ 语法

date 类中的 isoweekday() 方法用于获取指定日期对象的星期序号。语法如下：

```
date日期对象.isoweekday()
```

参数说明：

- 返回值：返回指定日期对象的星期序号。

➔ 应用

快学快用 1 获取指定日期对象的星期序号

使用 isoweekday() 方法获取指定日期对象的星期序号。代码如下：

```
from datetime import date                    # 导入datetime模块中的date类
date_object = date(2019,8,13)                # 创建指定日期的date对象
print(str(date_object)+'为  星期'+str(date_object.isoweekday())) # 打印星期序号
```

输出结果为：

```
2019-08-13为  星期2
```

快学快用 2　判断当前日期是否为休息日

在获取当前日期后，调用对应的 isoweekday() 方法就能够获取当前是星期几，最后做出判断即可。代码如下：

```
import datetime
dt = datetime.date.today()                   # 获取当前的日期
print('当前日期为：', dt)
wd = dt.isoweekday()                         # 获取当前是星期几（1~7）
rd = 5 - wd                                  # 计算还剩几天上班的时间
if rd < 0:
    print('您正在休息！')
else:
    print('还剩%d天休息！'% rd)
```

输出结果为：

```
当前日期为： 2020-05-19
还剩3天休息！
```

快学快用 3　判断今天是否为每月的第一个工作日

如果今天是星期一并且日期在 1~3 号之间就可以认定为今天是每个月的第一个工作日。或者，今天是每个月的 1 号，只要获取的星期数不是 6 或者 7 就可认定为今天是每个月的第一个工作日。代码如下：

```
import datetime
today = datetime.date.today()                                   # 获取今天的日期
week_day = today.isoweekday()                                   # 获取今天是星期几
day = datetime.datetime.today().day                             # 获取今天是几号
date_str = datetime.datetime.today().strftime("%Y-%m-%d, %A") # 转换为字符串
# 如果为星期1并且日期为1~3号之间或日期为1号并且星期在2~5之间，就认为是每月的第一个工作日
if (week_day == 1 and day in (1, 2, 3)) or (week_day in (2, 3, 4, 5) and day == 1):
    print("今天：{0} 是每月的第一个工作日。".format(date_str))
else:
    print("今天：{0} 不是每月的第一个工作日。".format(date_str))
```

输出结果为：

```
今天：2020-05-20，Wednesday 不是每月的第一个工作日。
```

8.5 weekday() 方法——获取星期对应的数字

快用标签 datetime.weekday() today() datetime() range() str() strftime() len() append()

最常用 datetime.weekday()，返回指定日期在一周内的序号，即星期几，其中星期一表示为 0，星期日表示为 6。

关键代码段

```
dt = datetime.today()                       # 获取当前日期时间【快1】
print(dt.weekday())                         # 打印当前日期中星期对应的数字【快1】
dt = datetime(2019,9,8)                     # 创建指定日期的datetime对象【快2】
print(dt.weekday())                         # 打印指定日期中星期对应的数字【快2】

for i in range(delta.days + 1):       #【快3】
    p = (day_start + timedelta(days=i)).strftime('%Y-%m-%d')  # 具体哪一天
    pp = datetime.strptime(str(p), '%Y-%m-%d')                # 转为datetime类型
    wd = pp.weekday()
    if wd == w-1:                                             # 判断星期几
        d2 = pp.strftime('%Y-%m-%d')
        data_list.append(d2)
```

➔ 语法

datetime 类中的 weekday() 方法用于返回指定日期在一周内的序号，即星期几，其中星期一表示为 0，星期日表示为 6。语法如下：

```
datetime.weekday()
```

参数说明：

❖ 返回值：返回指定日期在一周内的序号，即星期几，其中星期一表示为 0，星期日表示为 6。

➔ 应用

快学快用 1 获取当前日期中星期对应的数字

使用 weekday() 方法获取当前日期中星期对应的数字。代码如下：

```
from datetime import datetime                    # 导入datetime模块中的datetime类
dt = datetime.today()                            # 获取当前日期时间
print(dt.weekday())                              # 打印当前日期中星期对应的数字
```

输出结果为：

```
3
```

快学快用 2 获取指定日期中星期对应的数字

使用 weekday() 方法获取指定日期中星期对应的数字。代码如下：

```
from datetime import datetime                    # 导入datetime模块中的datetime类
dt = datetime(2019,9,8)                          # 创建指定日期的datetime对象
print(dt.weekday())                              # 打印指定日期中星期对应的数字
```

输出结果为：

```
6
```

快学快用 3 判断某年某月中有多少个指定星期日期，并输出具体的日期

给出具体的年月信息和想要查询的星期日期后，判断该月中有多少个指定的星期日期，并输出具体的日期信息。代码如下：

```
from datetime import date, timedelta, datetime

y = 2020                                                        # 定义年份
m = 5                                                           # 定义月份
w = 3                                                           # 定义星期几

all_days = (date(y, m + 1, 1) - date(y, m, 1)).days            # 当前月份共有多少天
day_start = date(y, m, 1)                                       # 月份初始日期
day_last = date(y, m, all_days)                                 # 月份结束日期
delta = day_last - day_start                                    # 日期差
data_list = []
for i in range(delta.days + 1):
    p = (day_start + timedelta(days=i)).strftime('%Y-%m-%d')    # 具体哪一天
    pp = datetime.strptime(str(p), '%Y-%m-%d')                  # 转为datetime类型
    wd = pp.weekday()
```

```
        if wd == w-1:                              # 判断星期几
            d2 = pp.strftime('%Y-%m-%d')
            data_list.append(d2)

    print('%d年%d月中共有%d个星期%d' % (y, m, len(data_list), w))
    print('具体日期分别为：', data_list)
```

输出结果为：

```
2020年5月中共有4个星期3
具体日期分别为： ['2020-05-06', '2020-05-13', '2020-05-20', '2020-05-27']
```

8.6 weekday()——获取指定日期的星期码

快用标签 date.weekday()　date()　timedelta()　days　print()

最常用 date对象名.weekday()，返回指定日期对象的星期码，星期一为 0，星期日为 6。

关键代码段

```
date_object = date(2019,8,13)              # 创建指定日期的date对象【快1】
week_code = date_object.weekday()          # 获取指定日期对应的星期码【快1】
if one_day.weekday() > 4:                  # 判断是否为周末【快2】
```

语法

date 类中的 weekday() 方法用于获取指定日期对象的星期码，星期一为 0，星期日为 6。语法如下：

```
date对象名.weekday()
```

参数说明：

- 返回值：返回指定日期对象的星期码，星期一为 0，星期日为 6。

应用

快学快用 1　获取指定日期对象为星期几

先输入指定的日期对象，再使用 weekday() 方法来判断该日期星期几。代码如下：

```
from datetime import date                              # 导入datetime模块中的date类
# 星期列表
week_list = ['星期一','星期二','星期三','星期四','星期五','星期六','星期日',]
date_object = date(2019,8,13)                          # 创建指定日期的date对象
week_code = date_object.weekday()                      # 获取指定日期对应的星期码
print(date_object,'为',week_list[week_code])           # 打印指定日期为星期几
```

输出结果为:

```
2019-08-13 为 星期二
```

快学快用 2　输出两个日期之间的所有周末

首先指定两个有效的具体日期，然后计算出它们的日期差，再从开始日期遍历并在循环中判断是否为周末，如果是就将其添加到列表中。代码如下：

```
import datetime

start_date = datetime.date(2020, 5, 10)                # 开始日期
end_date = datetime.date(2020, 5, 30)                  # 结束日期
days = (end_date - start_date).days                    # 日期相差的天数
day_list = []                                          # 空列表，存储数据

for i in range(days+1):
    one_day = start_date + datetime.timedelta(days=i)  # 开始日期后的第i天
    if one_day.weekday() > 4:                          # 判断是否为周末
        day_string = one_day.strftime('%Y-%m-%d')      # 格式化为字符串
        day_list.append(day_string)                    # 添加到列表中

print("在这个时间段中，周末共有 {} 天".format(len(day_list)))
print("分别为:", day_list)
```

输出结果为:

```
在这个时间段中，周末共有 6 天
分别为: ['2020-05-10', '2020-05-16', '2020-05-17', '2020-05-23', '2020-05-24', '2020-05-30']
```

第9章 日期和时间相关

9.1 combine()方法——将date和time对象合为datetime对象

快用标签 combine() date() time()

最常用 datetime 对象名 .combine(date, time)，其中，date 为一个 datetime.date 对象，time 为一个 datetime.time 对象。

关键代码段

```
print(datetime.combine(d,t))          # 打印合并后的datetime对象【快】
```

语法

datetime 类中的 combine() 方法用于将 date 对象和 time 对象合并为一个 datetime 对象。语法如下：

```
datetime对象名.combine(date,time,tzinfo=self.tzinfo)
```

参数说明：

- date：必须参数，date 对象。
- time：必须参数，time 对象。
- tzinfo：可选参数，时区信息对象。

应用

快学快用 将 date 对象和 time 对象合为一个 datetime 对象

使用 combine() 方法将 date 对象和 time 对象合为一个 datetime 对象。代码如下：

```
from datetime import datetime        # 导入datetime模块中的datetime类
from datetime import date            # 导入datetime模块中的date类
from datetime import time            # 导入datetime模块中的time类
d = date(2020,5,21)                  # 创建日期对象
```

```
t = time(14,11)                    # 创建时间对象
print(datetime.combine(d,t))       # 打印合并后的datetime对象
```

输出结果为：

```
2020-05-21 14:11:00
```

9.2 ctime() 方法——返回一个固定格式的日期时间字符串

快用标签　ctime()　today()

最常用　datetime 对象名 .ctime() 用于获取一个代表日期和时间的字符串。

关键代码段

```
print(dt.ctime())                  # 打印包含日期和时间的字符串【快】
```

➔ 语法

datetime 类中的 ctime() 方法用于返回一个固定格式日期和时间的字符串。语法如下：

```
datetime对象名.ctime()
```

参数说明：

❖ 返回值：用于返回一个代表日期和时间的字符串。

➔ 应用

快学快用　获取代表日期和时间的字符串

使用 ctime() 方法获取代表日期和时间的字符串。代码如下：

```
from datetime import datetime      # 导入datetime模块中的datetime类
dt = datetime.today()              # 获取当前日期时间
print(dt)                          # 打印当前的日期时间
print(dt.ctime())                  # 打印包含日期和时间的字符串
```

输出结果为：

```
2020-05-21 15:51:40.908119
Thu May 21 15:51:40 2020
```

9.3 datetime 类——用于处理日期和时间的类

快用标签 datetime()

最常用 datetime(year, month, day)，其中，year 代表年份，month 代表月份，day 代表天数。

关键代码段

```
# 创建日期时间对象【快1】
dt = datetime(2020, 5, 29, hour=10, minute=11, second=30, microsecond=100)
print(dt.year,'年')
print(dt.month,'月')
print(dt.day,'日')
# 获取的时间的最大值、最小值和最小单位【快2】
print('最大值：',dt.max)
print('最小值：',dt.min)
print('最小单位：',dt.resolution)
```

➔ 语法

datetime 类可以看作是 date 类和 time 类的合体，其大部分的方法和属性都继承于这两个类，其数据构成也是由这两个类的所有属性所组成的，datetime.datetime 类的定义如下：

```
datetime.datetime(year, month, day, hour=0, minute=0, second=0, microsecond=0, tzinfo=None,
*, fold=0)
```

参数说明：

- year：必须参数，年，取值范围：[MINYEAR, MAXYEAR]，即 [1, 9999]。
- month：必须参数，月，取值范围：[1, 12]。
- day：必须参数，一月中第几天，取值范围：[1, 指定年份的月份中的天数]，最大值根据给定的 year 和 month 参数来决定。
- hour：可选参数，小时，取值范围为 [0, 23]。
- minute：可选参数，分钟，取值范围为 [0, 59]。
- second：可选参数，秒，取值范围为 [0, 59]。
- microsecond：可选参数，微秒，取值范围为 [0, 999999]。
- tzinfo：可选参数，时区的相关信息，tzinfo 的子类对象，如 timezone 类的实例。
- fold：可选参数，0 或 1，默认为 0。

提示： 如果设定的值超过 datetime.datetime 类参数的取值范围，就会引起 ValueError 异常。

➔ 应用

快学快用 1 获取年、月、日、时、分、秒及微秒信息

使用 datetime 类对象提供的属性获取年、月、日、时、分、秒及微秒信息。代码如下：

```
from datetime import datetime           # 导入datetime模块中的datetime类
# 创建日期时间对象
dt = datetime(2020, 5, 29, hour=10, minute=11, second=30, microsecond=100)
print(dt)                               # 打印当前本地日期时间
print(dt.year,'年')
print(dt.month,'月')
print(dt.day,'日')
print(dt.hour,'时')
print(dt.minute,'分')
print(dt.second,'秒')
print(dt.microsecond,'微秒')
print(dt.tzinfo,'时区')
```

输出结果为：

```
2020-05-29 10:11:30.000100
2020 年
5 月
29 日
10 时
11 分
30 秒
100 微秒
None 时区
```

快学快用 2 获取时间的最小值、最大值和最小单位

使用 datetime 类对象提供的 min 属性、max 属性和 resolution 属性获取时间的最小值、最大值和最小单位。代码如下：

```
from datetime import datetime           # 导入datetime模块中的datetime类
dt = datetime(2020, 5, 29)              # 获取日期时间对象
print('最大值：',dt.max)
print('最小值：',dt.min)
print('最小单位：',dt.resolution)
```

输出结果为：

```
最大值：  9999-12-31 23:59:59.999999
最小值：  0001-01-01 00:00:00
最小单位：  0:00:00.000001
```

9.4 fromordinal() 方法——返回给定公历序数对应的 datetime 对象

快用标签 fromordinal() today()

最常用 datetime 对象名 .fromordinal(ordinal)，其中，ordinal 表示日期公历序数。

关键代码段

```
print(datetime.fromordinal(days))          # 打印公历序数对应的datetime对象【快】
```

➔ 语法

datetime 类中的 fromordinal() 方法用于返回给定的公历序数对应的 datetime 对象实例，其中 0001 年的 1 月 1 日的序数为 1。语法如下：

```
datetime对象名.fromordinal(ordinal)
```

参数说明：

❖ ordinal：必须参数，日期公历序数，即自 0001 年 01 月 01 日开始的第多少天。

❖ 返回值：返回给定的公历序数对应的 datetime 对象。

➔ 应用

快学快用 获取指定公历序数对应的 datetime 对象

使用 fromordinal() 方法获取指定公历序数对应的 datetime 对象。代码如下：

```
from datetime import datetime               # 导入datetime模块中的datetime类
from datetime import date                   # 导入datetime模块中的date类

days = date.today().toordinal()             # 获取自0001年01月01日开始的第多少天
print(datetime.fromordinal(days))           # 打印公历序数对应的datetime对象
```

输出结果为：

```
2020-05-21 00:00:00
```

9.5 replace() 方法——在不改变原日期时间对象的情况下替换并返回新的 datetime 对象

快用标签 replace() today()

最常用 datetime 对象名 .replace(year, month, day, hour, minute, second)，其中，所要替换的参数 year 代表年份，month 代表月份，day 代表天，hour 代表小时，minute 代表分钟，second 代表秒数。

关键代码段

```
new_dt = dt.replace(2020,12,25,22,15,38,888)  # 替换原对象获取新对象【快】
```

➔ 语法

datetime 类中的 replace() 方法，用于在不改变原日期时间对象的情况下替换并返回新的 datetime 对象。语法如下：

```
datetime对象名.replace(year=self.year, month=self.month, day=self.day, hour=self.hour,
minute=self.minute, second=self.second, microsecond=self.microsecond, tzinfo=self.tzinfo, *
fold=0)
```

参数说明：

- year：可选参数，需要替换的年份。
- month：可选参数，需要替换的月份。
- day：可选参数，需要替换的天（日）。
- hour：可选参数，需要替换的小时。
- minute：可选参数，需要替换的分钟。
- second：可选参数，需要替换的秒。
- microsecond：可选参数，需要替换的微秒。
- tzinfo：可选参数，需要替换的时区信息。
- fold：可选参数，0 或 1，默认值为 0。
- 返回值：在不改变原日期时间对象的情况下替换并返回新的日期时间对象。

➔ 应用

快学快用 在不改变原日期时间对象的情况下替换并返回新的 datetime 对象

使用 replace() 方法用于在不改变原日期时间对象的情况下替换并返回新的 datetime 对象。代码如下：

```
from datetime import datetime                     # 导入datetime模块中的datetime类
dt = datetime.today()                             # 获取当前日期时间
new_dt = dt.replace(2020,12,25,22,15,38,888)      # 替换原对象获取新对象
print('原对象：',dt)
print('新对象：',new_dt)
print('原对象id为：',id(dt))
print('新对象id为：',id(new_dt))
```

输出结果为：

```
原对象：  2020-05-21 15:57:42.004829
新对象：  2020-12-25 22:15:38.000888
原对象id为：  1513457556096
新对象id为：  1513487942976
```

9.6 timetuple() 方法——返回日期时间对象对应的结构化时间

快用标签 timetuple()　astime()

最常用 datetime 对象名 .timetuple()，用于获取日期时间对象所对应的结构化时间。

```
struct02 = datetime.now().timetuple()              # 获取当前日期时间，并提取结构化时间【快】
print("time.astime = ", time.asctime(struct02))
```

➔ 语法

datetime 类中的 timetuple() 方法用于获取日期时间对象所对应的结构化时间。语法如下：

```
datetime对象名.timetuple()
```

参数说明：

❖ 返回值：返回对应的结构化时间。

➔ 应用

快学快用　获取日期时间对象所对应的结构化时间

使用 timetuple() 方法获取日期时间对象所对应的结构化时间。代码如下：

```
import time
from datetime import datetime                          # 导入datetime模块中的datetime类
struct01 = time.localtime()
struct02 = datetime.now().timetuple()                  # 获取当前时间日期对象，并提取结构化时间
print(f"struct02 = {struct02}")
if type(struct01) == type(struct02):
    print("类型相等")
print(f"类型为： {type(struct01)}")
# 按照time模块的时间固定字符串格式输出
print("time.astime = ", time.asctime(struct01))
print("time.astime = ", time.asctime(struct02))
```

输出结果为：

```
struct02 = time.struct_time(tm_year=2020, tm_mon=5, tm_mday=19, tm_hour=17, tm_min=15,
tm_sec=37, tm_wday=1, tm_yday=140, tm_isdst=-1)
类型相等
类型为： <class 'time.struct_time'>
time.astime =  Tue May 19 17:15:37 2020
time.astime =  Tue May 19 17:15:37 2020
```

9.7 timetuple() 方法——返回日期对象对应的结构化时间

快用标签　timetuple()　　astime()

最常用　date.timetuple()，用于获取指定日期对象的结构化时间。

关键代码段

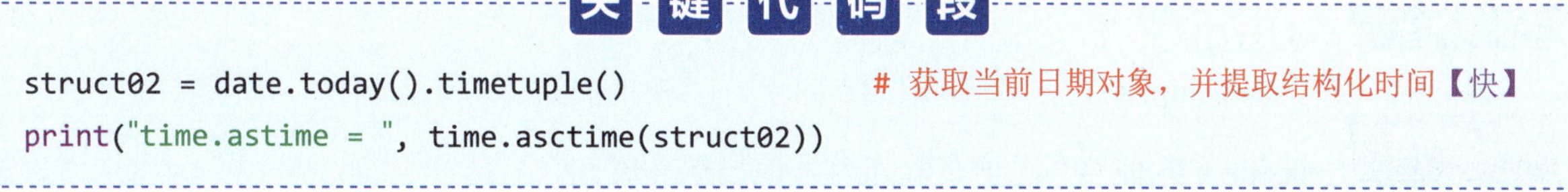

```
struct02 = date.today().timetuple()                # 获取当前日期对象，并提取结构化时间【快】
print("time.astime = ", time.asctime(struct02))
```

➔ 语法

date 类中的 timetuple() 方法用于获取指定日期对象的结构化时间。语法如下：

```
date.timetuple()
```

参数说明：

❖ 返回值：根据指定的日期对象返回对应的结构化时间。

➔ 应用

快学快用　获取日期对象所对应的结构化时间

使用 timetuple() 方法获取日期对象的结构化时间。代码如下：

```
import time
from datetime import date                              # 导入datetime模块中的date类

struct01 = time.localtime()
struct02 = date.today().timetuple()                    # 获取当前日期对象，并提取结构化时间
print(f"struct02 = {struct02}")
if type(struct01) == type(struct02):
    print("类型相等")
print(f"类型为： {type(struct02)}")
# 按照time模块的时间固定字符串格式输出
print("struct01 time.astime = ", time.asctime(struct01))
print("struct02 time.astime = ", time.asctime(struct02))
```

输出结果为：

```
struct02 = time.struct_time(tm_year=2020, tm_mon=5, tm_mday=19, tm_hour=0, tm_min=0,
tm_sec=0, tm_wday=1, tm_yday=140, tm_isdst=-1)
类型相等
类型为： <class 'time.struct_time'>
struct01 time.astime =  Tue May 19 17:55:19 2020
struct02 time.astime =  Tue May 19 00:00:00 2020
```

9.8 today() 方法——返回当前本地日期时间

快用标签　today()

最常用　datetime.today()，用于获取当前本地日期和时间。

```
dt=datetime.today()                    # 把获取的当前本地日期时间赋给变量dt【快】
```

➔ 语法

datetime 类中的 today() 方法用于返回一个表示当前本地日期的时间的 datetime 对象。语法如下：

```
datetime.today()
```

参数说明：

❖ 返回值：返回一个表示当前本地日期时间的 datetime 对象。

➔ 应用

快学快用　获取当前本地日期和时间

使用 today() 方法获取当前本地日期时间，代码如下：

```
from datetime import datetime               # 导入datetime模块中的datetime类
dt=datetime.today()                         # 把获取的当前本地日期和时间赋给变量dt
print(dt)                                   # 打印当前系统日期和时间
```

输出结果为：

```
2020-05-21 16:04:02.367805
```

第10章 UTC与时间差相关

10.1 timedelta 类——返回对象之间的时间间隔

快用标签 today() replace() timedelta() monthrange()

最常用 datetime.timedelta(weeks, days, hours, minutes)，其中，weeks 代表周数，days 代表天数，hours 代表小时数，minutes 代表分钟数。

关 键 代 码 段

```
now_dt = datetime.today()                                    #【快3】
before_dt = now_dt.replace(year = 2015, day =  23)           #【快3】
delta = timedelta(days = 1)                                  # 创建一个时间段对象【快5】
before_month_days = monthrange(now.year, now.month - 1)      #【快7】
print(f"且下一个月的今天为：星期 {after.isoweekday()}")       #【快8】
now_leap = calendar.isleap(now.year)                         #【快9】
if now <= datetime(**date_dict):                             #【快10】
```

➔ 语法

timedelta 类表示时间差，即两个日期或时间之间的差值。timedelta 类可以很方便地对 datetime.date、datetime.time 和 datetime.datetime 对象进行算术运算，且两个时间之间的差值单位也更加容易控制。这个差值的单位可以是：天、秒、微秒、毫秒、分钟、小时、周。语法如下：

```
datetime.timedelta(days=0, seconds=0, microseconds=0, milliseconds=0, minutes=0, hours=0, weeks=0)
```

参数说明：

- days：可选参数，天，取值范围为 [-999999999, 999999999]。
- seconds：可选参数，秒，取值范围为 [0, 86399]，1 seconds = 1000 millisecond。
- microseconds：可选参数，微秒，取值范围为 [0, 999999]。

所有的参数都是可选参数，默认值为 0，参数的值可以是整数或浮点数，也可以是正数或负数。虽然说参数可以传递的单位很多，但是 Python 内部实现只存储了 days、seconds 和 microseconds 三种单位，其他单位在计算时都将被转换成以下相应的 3 种单位：

- 1 millisecond = 1000 microseconds
- 1 minute = 60 seconds
- 1 hour = 3600 seconds
- 1 week = 7 days

注意：在传递 seconds 和 microseconds 的时候，如果这两个参数超出取值范围，Python 会自动转换，但是如果 days 超出取值范围，则会抛出 OverflowError 异常。

➔ 应用

快学快用 1 使用 min、max、resolution 属性获取三种时间差

使用 timedelta 类对象提供的 min、max、resolution 属性获取三种时间差。代码如下：

```
from datetime import timedelta          # 导入datetime模块中的timedelta类
print(timedelta.max)                    # 正数最大时间差
print(timedelta.min)                    # 负数最大时间差
print(timedelta.resolution)             # 两个时间的最小差值
```

输出结果为：

```
999999999 days, 23:59:59.999999
-999999999 days, 0:00:00
0:00:00.000001
```

快学快用 2 使用 days、seconds、microseconds 属性获取 timedelta 类对象的天、秒与微秒

使用 timedelta 类对象提供的 days、seconds、microseconds 属性获取 timedelta 类对象的天、秒与微秒。代码如下：

```
from datetime import timedelta          # 导入datetime模块中的timedelta类
td = timedelta(365,888,687411)          # 创建timedelta对象
print(td.days)                          # 天
print(td.seconds)                       # 秒
print(td.microseconds)                  # 微秒
```

输出结果为：

```
365
888
687411
```

快学快用 3 通过日期或时间对象创建 timedelta 间隔对象

使用 datetime 模块提供的 datetime 和 date 类，能够很容易地创建 timedelta 间隔对象。代码如下：

```python
from datetime import datetime, date

now_dt = datetime.today()
before_dt = now_dt.replace(year = 2015, day =  23)
timedelta_01 = now_dt - before_dt

da_01 = date.today()
da_02 = da_01.replace(day = 25, year = 2512)
timedelta_02 = da_02 - da_01
print(f"timedelta_01 = {timedelta_01}, \ntimedelta_02 = {timedelta_02}")
```

输出结果为：

```
timedelta_01 = 1823 days, 0:00:00,
timedelta_02 = 179705 days, 0:00:00
```

快学快用 4　timedelta 类对象的数学运算

datetime 模块的 timedelta 对象能够像数值一样进行数学运算。代码如下：

```python
from datetime import timedelta    # 导入datetime模块中的timedelta类

# 创建一个timedelta时间段对象
section = timedelta(weeks = 2, days = 2, hours = 8,\
                    minutes = 36, seconds = 46, milliseconds = 20 * 1000,\
                    microseconds = 10 * 1000 * 1000)
section_02 = timedelta(seconds = 10, milliseconds = 4 * 1000,
                       microseconds = 30 * 1000 * 1000)
format_str = "{:>24s} : {}"
print(format_str.format("第一个timedelta为", section))
print(format_str.format("第二个timedelta为", section_02))
# 加法
add = section + section_02
print(format_str.format("两 timedelta相加为", add))
# 减法
sub = section - section_02
print(format_str.format("两 timedelta相减为", sub))
# 乘法
mul = section_02 * 2
print(format_str.format("第二个 timedelta 乘以2为", mul))
# 除法
div = section_02 / 2
print(format_str.format("第二个 timedelta 除以2为", div))
```

```
# 两timedelta对象之间相除
delta_div = section / section_02
print(format_str.format("两个 timedelta 之间相除为", delta_div))
# 两timedelta对象之间地板除
floor_div = section // section_02
print(format_str.format("两个 timedelta 之间地板除为", floor_div))
# 正值取反
neg = -section_02
print(format_str.format("第二个 timedelta 的取反为", neg))
# 负值取反
com = -neg
print(format_str.format("负值 timedelta 的取反为", com))
# 绝对值运算
abs_num = abs(neg)
print(format_str.format("负值 timedelta 的绝对值为", abs_num))
# Hash运算
has = hash(section_02)
print(format_str.format("第二个 timedelta 的 Hash 运算为", has))
```

输出结果为：

```
          第一个timedelta为 : 16 days, 8:37:16
          第二个timedelta为 : 0:00:44
         两 timedelta相加为 : 16 days, 8:38:00
         两 timedelta相减为 : 16 days, 8:36:32
     第二个 timedelta 乘以2为 : 0:01:28
     第二个 timedelta 除以2为 : 0:00:22
     两个 timedelta 之间相除为 : 32123.545454545456
    两个 timedelta 之间地板除为 : 32123
     第二个 timedelta 的取反为 : -1 day, 23:59:16
      负值 timedelta 的取反为 : 0:00:44
     负值 timedelta 的绝对值为 : 0:00:44
第二个 timedelta 的 Hash 运算为 : 1267259310868865111
```

快学快用 5　计算前一天的当前时间点

通过使用 datetime 模块的 timedelta 对象能够很容易地计算出将一个时间点倒退一天的具体时间点。代码如下：

```
from datetime import datetime            # 导入datetime模块中的datetime类
from datetime import timedelta           # 导入datetime模块中的timedelta类
```

```
# 创建datetime时间对象
now = datetime(year = 2020, month = 6, day = 26, \
               hour = 16, minute = 30, second = 50, \
               microsecond = 1000 * 999)
# 创建一个时间段对象
delta = timedelta(days = 1)
# 计算将一个时间点倒退一天的具体时间
before = now - delta
# 或者为
before_02 = now.replace(day = now.day - 1)
print(f"before == before_02 : {before == before_02}")
print("    原来的时间点为：", now)
print(f"倒退一天的时间点为：", before)
```

输出结果为：

```
before == before_02 : True
    原来的时间点为：  2020-06-26 16:30:50.999000
倒退一天的时间点为：  2020-06-25 16:30:50.999000
```

快学快用 6　计算未来一天的当前时间点

通过使用 datetime 模块的 timedelta 对象能够很容易地计算出将一个时间点快进一天的具体时间点。代码如下：

```
from datetime import datetime          # 导入datetime模块中的datetime类
from datetime import timedelta         # 导入datetime模块中的timedelta类

# 创建datetime时间对象
now = datetime(year = 2020, month = 5, day = 16, \
               hour = 6, minute = 10, second = 20, \
               microsecond = 1000 * 1)
# 创建一个时间段对象
delta = timedelta(days = 1)
# 计算将一个时间点快进一天的具体时间
after = now + delta
# 等价于
after_02 = now.replace(day = now.day + 1)
print(f"after == after_02 : {after == after_02}")
print("    原来的时间点为：", now)
print(f"快进一天的时间点为：", after)
```

输出结果为：

```
after == after_02 : True
     原来的时间点为： 2020-05-16 06:10:20.001000
快进一天的时间点为： 2020-05-17 06:10:20.001000
```

快学快用 7 计算将时间倒退一个月的具体时间点

通过使用 datetime 模块的 timedelta 对象和日历模块能够很容易地计算出将一个时间点倒退一个月的具体时间点。代码如下：

```
from datetime import datetime            # 导入datetime模块中的datetime类
from datetime import timedelta           # 导入datetime模块中的timedelta类
from calendar import monthrange          # 导入日历模块中的月份迭代器

# 创建datetime时间对象
now = datetime(year = 2020, month = 3, day = 29, \
               hour = 14, minute = 18, second = 40, \
               microsecond = 1000 * 10)

# 计算当前所在月份的上一月份的天数（星期几，天数）：0为星期一
before_month_days = monthrange(now.year, now.month - 1)
# 根据上一月份的天数创建timedelta对象
month_delta = timedelta(days=before_month_days[1])
# 计算将一个时间点倒退一个月的时间
before = now - month_delta
# 等价于
before_02 = now.replace(month = now.month - 1)
print(f"before == before_02 : {before == before_02}")
print("     原来的时间点为：", now)
print(f"回退一个月的时间点为：", before)
print(f"且上一个月的今天为：星期 {before.isoweekday()}")
```

输出结果为：

```
before == before_02 : True
    原来的时间点为： 2020-03-29 14:18:40.010000
倒退一个月的时间点为： 2020-02-29 14:18:40.010000
且上一个月的今天为：星期 6
```

注意： datetime.replace() 方法和 date.replace() 只是简单地将属性值替换而已，并不进行有效性验证。代码如下：

```
from datetime import datetime
date01 = datetime(2020, 3, 31)
date01.replace(month = 2)
```

或者：

```
from datetime import date
date02 = date(2020, 3, 31)
date02.replace(month = date02.month -1)
```

输出报错结果为：

```
ValueError: day is out of range for month
```

快学快用 8　计算将时间快进一个月的时间点

通过使用 datetime 模块的 timedelta 对象和日历模块能够很容易地计算出将一个时间点快进一个月的时间点。代码如下：

```
from datetime import datetime          # 导入datetime模块中的datetime类
from datetime import timedelta         # 导入datetime模块中的timedelta类
from calendar import monthrange        # 导入日历模块中的月份迭代器

# 创建datetime时间对象
now = datetime(year = 2020, month = 6, day = 6, \
               hour = 14, minute = 18, second = 40, \
               microsecond = 1000 * 10)

# 计算当前所在月份的下一月份的天数（星期几，天数）：0为星期一
after_month_days = monthrange(now.year, now.month + 1)
# 根据下一月份的天数创建timedelta对象
month_delta = timedelta(days = after_month_days[1])
# 计算将一个时间点快进一个月的时间
after = now + month_delta
print("      原来的时间点为：", now)
print(f"快进一个月的时间点为：", after)
print(f"且下一个月的今天为：星期 {after.isoweekday()}")
```

输出结果为：

```
      原来的时间点为：  2020-06-06 14:18:40.010000
快进一个月的时间点为：  2020-07-07 14:18:40.010000
且下一个月的今天为：星期 2
```

快学快用 9　计算将时间倒退一年的时间点

通过使用 datetime 模块的 timedelta 对象和日历模块能够很容易地计算出将一个时间点倒退一年的时间点。代码如下：

```
from datetime import datetime              # 导入datetime模块中的datetime类
from datetime import timedelta             # 导入datetime模块中的timedelta类
import calendar

# 创建datetime时间对象
date_dict = {"year": 1948, "month" : 2, "day" : 29, \
             "hour": 22, "minute": 8, "second" : 20, \
             "microsecond":  1000 * 30}
now = datetime(**date_dict)
days = 365
# 判断前一年份是否是闰年
before_leap = calendar.isleap(now.year - 1)
# 判断当前年份是否是闰年
now_leap = calendar.isleap(now.year)
date_dict["month"] = 2
date_dict['day'] = 28
if now_leap:
    # 当前年份若是闰年，再判断是否大于2月28号
    if now > datetime(**date_dict):
        days - 366
if before_leap:
    # 前一年份若是闰年，再判断是否小于等于2月28号
    if now <= datetime(**date_dict):
        days = 366
# 根据上一年份的天数创建timedelta对象
month_delta = timedelta(days = days)
# 计算将一个时间点回退一年的具体时间
after = now - month_delta
print("     原来的时间点为：", now)
print(f"倒退一年的时间点为：", after)
```

输出结果为：

```
    原来的时间点为：  1948-02-29 22:08:20.030000
倒退一年的时间点为：  1947-02-28 22:08:20.030000
```

快学快用 10　计算将时间快进一年的时间点

通过使用 datetime 模块的 timedelta 对象和日历模块能够很容易地计算出将一个时间点快进一年的时间点。代码如下：

```
from datetime import datetime              # 导入datetime模块中的datetime类
from datetime import timedelta             # 导入datetime模块中的timedelta类
```

```
import calendar

# 创建datetime时间对象
date_dict = {"year": 2020, "month" : 2, "day" : 29, \
             "hour": 22, "minute": 8, "second" : 20, \
             "microsecond":  1000 * 30}
now = datetime(**date_dict)
days = 365
# 判断未来一年份是否是闰年
after_leap = calendar.isleap(now.year + 1)
# 判断当前年份是否是闰年
now_leap = calendar.isleap(now.year)
date_dict["month"], date_dict['day'] = 2, 28
if now_leap:
    # 当前年份若是闰年，再判断是否小于等于2月28号
    if now <= datetime(**date_dict):
        days = 366
elif after_leap:
    # 未来一年份若是闰年，再判断是否大于2月28号
    if now > datetime(**date_dict):
        days = 366
# 根据上一年份的天数创建timedelta对象
month_delta = timedelta(days = days)
# 计算将一个时间点快进一年的具体时间
after = now + month_delta
print("    原来的时间点为：", now)
print(f"快进一年的时间点为：", after)
```

输出结果为：

```
  原来的时间点为：  2020-02-29 22:08:20.030000
快进一年的时间点为：  2021-02-28 22:08:20.030000
```

10.2 total_seconds() 方法——获取时间差中包含的总秒数

快用标签 total_seconds()

最常用 timedelta 对象名 .total_seconds()，用于获取时间差中包含的总秒数。

```
print(td.total_seconds())                    # 输出时间差中包含的总秒数【快】
```

➔ 语法

time 类中的 total_seconds() 方法用于获取时间差中包含的**总秒数**，等价于 td / timedelta(seconds=1)。语法如下：

```
timedelta对象名.total_seconds()
```

参数说明：

❖ 返回值：返回时间差中包含的总秒数。

➔ 应用

快学快用　获取时间差中包含的总秒数

使用 total_seconds() 方法获取时间差中包含的总秒数。代码如下：

```
from datetime import timedelta               # 导入datetime模块中的timedelta类
td = timedelta(365,888,687411)               # 创建timedelta对象
print(td.total_seconds())                    # 输出时间差中包含的总秒数
```

输出结果为：

```
31536888.687411
```

10.3 utcfromtimestamp() 方法——将时间戳转为 UTC 时间的 datetime 对象

快用标签　timetuple()　utcfromtimestamp()

最常用　datetime.utcfromtimestamp(timestamp)，其中，timestamp 代表一个时间戳。

关键代码段

```
if hasattr(sys.modules[__name__], "stamp0" + str(index)):    #【快】
    var = getattr(sys.modules[__name__], "stamp0" + str(index))
    obj = datetime.utcfromtimestamp(var)
```

语法

datetime 类中的 utcfromtimestamp() 方法可以根据指定的时间戳创建一个 UTC 时间的 datetime 对象。语法如下：

```
datetime.utcfromtimestamp（timestamp）
```

参数说明：

- timestamp：必须参数，表示指定的时间戳。
- 返回值：根据指定的时间戳返回一个 UTC 时间的 datetime 对象。

应用

快学快用　根据时间戳创建一个 UTC 时间的 datetime 对象

使用 utcfromtimestamp() 方法根据指定的时间戳创建一个 UTC 时间的 datetime 对象。代码如下：

```
import sys
import time
from datetime import datetime, date

# 五种不同的方式获取时间戳
stamp01 = datetime(2020, 12, 23).timestamp()
stamp02 = time.mktime(time.localtime())
stamp03 = time.mktime(time.gmtime())
stamp04 = time.mktime(datetime(2020, 10, 10).timetuple())
stamp05 = time.mktime(date(2018, 8, 10).timetuple())

# 根据时间戳创建UTC时间的datetime对象
for index in range(1, 6):
    if hasattr(sys.modules[__name__], "stamp0" + str(index)):
        var = getattr(sys.modules[__name__], "stamp0" + str(index))
        obj = datetime.utcfromtimestamp(var)
        print(f"stamp0{str(index)} -----> UTCDatetime :{obj}")
```

输出结果为：

```
stamp01 -----> UTCDatetime :2020-12-22 16:00:00
stamp02 -----> UTCDatetime :2020-05-20 00:45:01
stamp03 -----> UTCDatetime :2020-05-19 16:45:01
stamp04 -----> UTCDatetime :2020-10-09 16:00:00
stamp05 -----> UTCDatetime :2018-08-09 16:00:00
```

10.4　utcnow() 方法——返回当前 UTC 日期时间的 datetime 对象

快用标签　time()　utcnow()

最常用　datetime.utcnow()，用于获取当前 UTC 时间的 datetime 对象

关键代码段

```
dt_01 = datetime.utcnow()  #【快】
```

➔ 语法

datetime 类中的 utcnow() 方法，用于返回一个当前 UTC 时间的 datetime 对象。语法如下：

```
datetime.utcnow()
```

参数说明：

❖ 返回值：返回一个当前 UTC 时间的 datetime 对象。

➔ 应用

快学快用　获取当前的 UTC 日期和时间

使用 utcnow() 方法获取当前的 UTC 日期和时间，代码如下：

```
import time
from datetime import datetime

dt_01 = datetime.utcnow()
# 内部原理为
timestamp = time.time()  # 获取时间戳
dt_02 = datetime.utcfromtimestamp(timestamp)
print(f"dt_01 = {dt_01}, \ndt_02 = {dt_02}")
```

输出结果为：

```
dt_01 = 2020-05-20 00:59:28.137299,
dt_02 = 2020-05-20 00:59:28.137300
```

10.5 utcoffset() 方法——返回 datetime 对象的 UTC 偏移量

快用标签 utcoffset()　timezone()

最常用 datetime.utcoffset()，用于获取 datetime 对象的 UTC 偏移量。

```
plus_four = datetime.timezone(datetime.timedelta(hours=4))     # 创建+4时区对象【快】
dt1 = datetime.datetime.now(plus_four)                          # 获取+4时区本地日期时间对象
```

➔ 语法

datetime 类中的 utcoffset() 方法用于返回 datetime 对象的 UTC 偏移量。语法如下：

```
datetime.utcoffset()
```

参数说明：

❖ 返回值：如果 datetime 实例对象中指定了 tz 参数，将返回 UTC 偏移量对应的 timedelta 对象。如果 datetime 实例对象未设置 tz 参数，则返回 None。

➔ 应用

快学快用　获取 datetime 对象的 UTC 偏移量

使用 utcoffset() 方法获取 datetime 对象的 UTC 偏移量。代码如下：

```
import datetime                                                 # 导入datetime模块
reduce_four = datetime.timezone(datetime.timedelta(hours=-4))   # 创建-4时区对象
plus_four = datetime.timezone(datetime.timedelta(hours=4))      # 创建+4时区对象
dt = datetime.datetime.now(reduce_four)                         # 获取-4时区本地日期时间对象
dt1 = datetime.datetime.now(plus_four)                          # 获取+4时区本地日期时间对象
dt2 = datetime.datetime.now()                                   # 获取未设置时区本地日期时间对象
print(dt)                                                       # 打印-4时区本地日期时间
print(dt1)                                                      # 打印+4时区本地日期时间
print(dt2)                                                      # 打印未设置时区本地日期时间
print(dt.utcoffset())                                           # 打印dt对象UTC偏移量
print(dt1.utcoffset())                                          # 打印dt1对象UTC偏移量
print(dt2.utcoffset())                                          # 打印dt2对象UTC偏移量
```

输出结果为：

```
2020-05-21 04:20:40.499710-04:00
2020-05-21 12:20:40.499710+04:00
2020-05-21 16:20:40.499710
-1 day, 20:00:00
4:00:00
None
```

10.6 utcoffset() 方法——返回 time 对象的 UTC 偏移量

快用标签 utcoffset() time() timezone()

最常用 time 对象名 .utcoffset()，用于获取 time 对象的 UTC 偏移量。

关键代码段

```
t2 = datetime.time(13,57,12,tzinfo=plus_four)   # +4时区time对象【快】
```

语法

time 类中的 utcoffset() 方法用于获取 time 对象的 **UTC 偏移量**。语法如下：

```
time对象名.utcoffset()
```

参数说明：

- 返回值：如果 time 实例对象中指定了 tzinfo 参数，将返回 UTC 偏移量对应的 timedelta 对象。如果 datetime 实例对象未设置 tzinfo 参数，则返回 None。

应用

快学快用 获取 time 对象的 UTC 偏移量

使用 utcoffset() 方法获取 time 对象的 UTC 偏移量。代码如下：

```
import datetime                                                    # 导入datetime模块
reduce_four = datetime.timezone(datetime.timedelta(hours=-4))      # 创建-4时区对象
plus_four = datetime.timezone(datetime.timedelta(hours=4))         # 创建+4时区对象
t1 = datetime.time(13,57,12,tzinfo=reduce_four)                    # -4时区time对象
t2 = datetime.time(13,57,12,tzinfo=plus_four)                      # +4时区time对象
```

```
t3 = datetime.time(13,57,12)          # 未设置时区time对象
print(t1.utcoffset())                 # 打印t1对象UTC偏移量
print(t2.utcoffset())                 # 打印t2对象UTC偏移量
print(t3.utcoffset())                 # 打印t3对象UTC偏移量
```

输出结果为：

```
-1 day, 20:00:00
4:00:00
None
```

10.7 utctimetuple() 方法——返回 UTC 协调世界时的时间元组

快用标签 timetuple()　utctimetuple()

最常用 datetime.timetuple()，实现获取时间元组信息。

关键代码段

```
print(dt1.timetuple())          # 打印未设置时区的时间元组，默认北京时区+8【快】
print(dt1.utctimetuple())       # 打印未设置时区UTC协调世界时的时间元组，默认北京时区+8
```

➔ 语法

datetime 类中的 utctimetuple() 方法与 timetuple() 类似，都可以用于获取时间元组信息。不同的是 utctimetuple() 方法可以获取 datetime 对象 UTC 协调世界时的时间元组，在 datetime 对象中无论设置任何时区，都将被强制设为 0。语法如下：

```
datetime.utctimetuple()
```

参数说明：

❖ 返回值：返回 datetime 对象 UTC 协调世界时的时间元组。

➔ 应用

快学快用　获取 datetime 对象 UTC 协调世界时的时间元组

使用 utctimetuple() 方法获取 datetime 对象 UTC 协调世界时的时间元组。代码如下：

```
import datetime                                                   # 导入datetime模块
reduce_four = datetime.timezone(datetime.timedelta(hours=-4))     # 创建-4时区对象
plus_four = datetime.timezone(datetime.timedelta(hours=4))        # 创建+4时区对象
dt1 = datetime.datetime.now()                     # 获取未设置时区本地日期时间对象
dt2 = datetime.datetime.now(reduce_four)          # 获取-4时区本地日期时间对象
dt3 = datetime.datetime.now(plus_four)            # 获取+4时区本地日期时间对象
print(dt1.timetuple())         # 打印未设置时区的时间元组，默认北京时区+8
print(dt1.utctimetuple())      # 打印未设置时区UTC协调世界时的时间元组，默认北京时区+8
print(dt2.timetuple())         # 打印-4时区的时间元组，tm_hour=当前小时-8-4
print(dt2.utctimetuple())      # 打印-4时区UTC协调世界时的时间元组，tm_hour=当前小时-8
print(dt3.timetuple())         # 打印+4时区的时间元组，tm_hour=当前小时-4
print(dt3.utctimetuple())      # 打印+4时区UTC协调世界时的时间元组，tm_hour=当前小时-8
```

输出结果为：

```
time.struct_time(tm_year=2020, tm_mon=5, tm_mday=21, tm_hour=16, tm_min=24, tm_sec=50,
tm_wday=3, tm_yday=142, tm_isdst=-1)
time.struct_time(tm_year=2020, tm_mon=5, tm_mday=21, tm_hour=16, tm_min=24, tm_sec=50,
tm_wday=3, tm_yday=142, tm_isdst=0)
time.struct_time(tm_year=2020, tm_mon=5, tm_mday=21, tm_hour=4, tm_min=24, tm_sec=50,
tm_wday=3, tm_yday=142, tm_isdst=-1)
time.struct_time(tm_year=2020, tm_mon=5, tm_mday=21, tm_hour=8, tm_min=24, tm_sec=50,
tm_wday=3, tm_yday=142, tm_isdst=0)
time.struct_time(tm_year=2020, tm_mon=5, tm_mday=21, tm_hour=12, tm_min=24, tm_sec=50,
tm_wday=3, tm_yday=142, tm_isdst=-1)
time.struct_time(tm_year=2020, tm_mon=5, tm_mday=21, tm_hour=8, tm_min=24, tm_sec=50,
tm_wday=3, tm_yday=142, tm_isdst=0)
```

第11章 时区与夏令时相关

11.1 astimezone() 方法——返回带有时区信息的 datetime 对象

快用标签 astimezone() today()

最常用 datetime 对象名 .astimezone(tz = None)，其中，tz 代表一个时区 Timezone 对象。

关键代码段

```
print(dt.astimezone())                            # 打印带有时区信息的datetime对象【快1】
plus_four = timezone(timedelta(hours = 9))        # 创建+9（东九区——日本东京）时区对象【快2】
print(dt.astimezone(plus_four))                   # 设置当前时间为+9时区时间【快2】
```

➔ 语法

datetime 类中的 astimezone() 方法用于获取一个带有时区信息的 datetime 对象，或者将 datetime 对象从一个时区转换到另一个时区。语法如下：

```
datetime对象名.astimezone(tz=None)
```

参数说明：

- tz：可选参数，需要转换的时区，默认值为 None。
- 返回值：返回一个带有时区信息的 datetime 对象。

➔ 应用

快学快用 1　获取时区信息的 datetime 对象

使用 astimezone() 方法获取带有时区信息的 datetime 对象。代码如下：

```
from datetime import datetime       # 导入datetime模块中的datetime类
dt=datetime.today()                 # 把获取的当前本地日期时间赋给变量dt
print(dt.astimezone())              # 打印带有时区信息的datetime对象
```

输出结果为：

```
2020-05-21 16:26:06.616239+08:00
```

快学快用 2 datetime 对象时区信息转换

使用 astimezone() 方法将 datetime 对象从一个时区转换到另一个时区。代码如下：

```
from datetime import datetime, timezone, timedelta
reduce_four = timezone(timedelta(hours = -6)) # 创建-6（西六区）时区对象
plus_four = timezone(timedelta(hours = 9))    # 创建+9（东九区——日本东京）时区对象
dt = datetime.now()                           # 获取当前本地日期时间对象
print(dt.astimezone())                        # 打印带有默认的本地的区信息的datetime对象
print(dt.astimezone(reduce_four))             # 设置当前时间为-6时区时间
print(dt.astimezone(plus_four))               # 设置当前时间为+9时区时间
```

输出结果为：

```
2020-05-20 10:49:11.448050+08:00
2020-05-19 20:49:11.448050-06:00
2020-05-20 11:49:11.448050+09:00
```

11.2 dst() 方法——返回 datetime 对象的 dst（夏令时）偏移量

快用标签 dst()　now()

最常用 datetime 对象名 .dst()，获取 datetime 实例对象中的 dst（夏令时）偏移量。

```
dt1 = datetime.datetime.now(tz=gettz('China Standard Time'))  # 获取中国标准时间时区【快】
print('夏令时偏移量：',dt1.dst())
```

➔ 语法

datetime 类中的 dst() 方法，用于获取 datetime 实例对象中的 dst（夏令时）偏移量。语法如下：

```
datetime对象名.dst()
```

参数说明：

- 返回值：如果 datetime 实例对象中指定了 tz 参数，并且该参数的时区为夏令时，将返回 dst（夏令时）偏移量对应的 timedelta 对象；如果 tz 参数所设置的时区不是夏令时，则返回 0:00:00；如果 datetime 实例对象未设置 tz 参数，则返回 None。

➔ 应用

快学快用　获取 datetime 对象的 dst（夏令时）偏移量

使用 dst() 方法获取 datetime 对象的 dst（夏令时）偏移量。代码如下：

```
import datetime                                                  # 导入datetime模块
from dateutil.tz import gettz                                    # 导入获取指定时区的方法
dt1 = datetime.datetime.now(tz=gettz('China Standard Time'))     # 获取中国标准时间时区
dt2 = datetime.datetime.now(tz=gettz('Pacific/Kiritimati'))      # 获取太平洋 圣诞岛时区
dt3 = datetime.datetime.now(tz=gettz('Australia/Sydney'))        # 获取澳大利亚 悉尼时区
dt4 = datetime.datetime.now(tz=gettz('Europe/Madrid'))           # 获取欧洲 马德里时区
dt5 = datetime.datetime.now(tz=gettz('America/Toronto'))         # 获取美国 多伦多时区
print('中国标准时间时区:',dt1)
print('夏令时偏移量：',dt1.dst())
print('太平洋 圣诞岛时区:',dt2)
print('夏令时偏移量：',dt2.dst())
print('澳大利亚 悉尼时区:',dt3)
print('夏令时偏移量：',dt3.dst())
print('欧洲 马德里时区',dt4)
print('夏令时偏移量：',dt4.dst())
print('美国 多伦多时区',dt5)
print('夏令时偏移量：',dt5.dst())
```

输出结果为：

```
中国标准时间时区：2020-05-21 16:27:59.381760+08:00
夏令时偏移量：  0:00:00
太平洋 圣诞岛时区：2020-05-21 22:27:59.530775+14:00
夏令时偏移量：  0:00:00
澳大利亚 悉尼时区：2020-05-21 18:27:59.530775+10:00
夏令时偏移量：  0:00:00
欧洲 马德里时区 2020-05-21 10:27:59.530775+02:00
夏令时偏移量：  1:00:00
美国 多伦多时区 2020-05-21 04:27:59.530775-04:00
夏令时偏移量：  1:00:00
```

11.3 dst() 方法——总是返回 None

快用标签　dst()　timezone()　now()

最常用　timezone 对象名 .dst(dt)，其中，dt 代表一个 datetime 对象。

关键代码段

```
timezone_madrid = datetime.timezone(datetime.timedelta(hours=2),name='Europe/Madrid') #【快】
print(timezone_madrid.dst(dt))                          # 打印自定义欧洲 马德里时区对象的dst
```

➔ 语法

调用 timezone 类中的 dst() 方法总是返回 None。语法如下：

```
timezone对象名.dst(dt)
```

参数说明：

- dt：必须参数，表示 datetime 实例对象。
- 返回值：dst() 方法正常是用于获取夏令时的偏移量，而调用 timezone 类中的 dst() 方法则总是返回 None。

➔ 应用

快学快用　获取 timezone 实例对象的 dst

使用 timezone 类中的 dst() 方法获取 timezone 实例对象的 dst。代码如下：

```
import datetime                                         # 导入datetime模块
# 创建名称为欧洲 马德里时区
timezone_madrid = datetime.timezone(datetime.timedelta(hours=2),name='Europe/Madrid')
reduce_four = datetime.timezone(datetime.timedelta(hours=-4))  # 创建-4时区对象
dt = datetime.datetime.now(reduce_four)                 # 创建一个使用-4时区的datetime对象
dt1 = datetime.datetime.now()                           # 未指定时区的datetime对象
print(timezone_madrid.dst(dt))                          # 打印自定义欧洲 马德里时区对象的dst
print(timezone_madrid.dst(dt1))                         # 打印自定义欧洲 马德里时区对象的dst
```

输出结果为：

```
None
None
```

11.4 fromutc() 方法——返回一个包含 datetime+offset 信息的 datetime 对象

快用标签　fromutc()　timezone()　now()

最常用　timezone 对象名 .fromutc(datetime)，其中，datetime 代表一个 datetime 对象。

```
print(timezone_madrid.fromutc(dt))  # 打印包含datetime+offset信息的datetime对象【快】
```

语法

timezone 类中的 fromutc() 方法用于返回一个包含 datetime+offset 信息的 datetime 对象。语法如下：

```
timezone对象名.fromutc(dt)
```

参数说明：

- dt：必须参数，具有时区或夏令时的 datetime 实例对象，而 tzinfo 值为 self(timezone 对象自身)。
- 返回值：返回一个包含 datetime+offset 信息的 datetime 对象。

应用

快学快用　获取包含 datetime+offset 信息的 datetime 对象

使用 timezone 类中的 fromutc() 方法获取包含 datetime+offset 信息的 datetime 对象。代码如下：

```
import datetime                                        # 导入datetime模块
# 创建名称为欧洲 马德里时区
timezone_madrid = datetime.timezone(datetime.timedelta(hours=2),name='Europe/Madrid')
dt = datetime.datetime.now(tz=timezone_madrid)# 指定马德里时区的datetime对象
print(dt)                                              # 打印马德里当前时间
print(timezone_madrid.fromutc(dt))                     # 打印包含datetime+offset信息的datetime对象
```

输出结果为：

```
2020-05-12 03:39:53743+02:00
2020-05-12 05:39:53743+02:00
```

11.5 now() 方法——返回指定时区的本地日期时间

快用标签　now()　today()

最常用　datetime.now(tz)，其中，tz 代表一个时区对象。

```
print(datetime.now())                              # 通过now()方法打印当前系统日期和时间【快】
```

➔ 语法

datetime 类中的 now() 方法用于返回一个指定时区的 datetime 对象，默认为本地时区时间。语法如下：

```
datetime.now(tz=None)
```

参数说明：

- tz：可选参数，若提供了参数 tz，则获取 tz 参数所指时区的本地时间，若没指定参数 tz 或参数 tz 为 None，则结果与 datetime.today() 相同。
- 返回值：返回一个表示当前本地日期时间的 datetime 对象。

➔ 应用

快学快用　分别使用 today() 方法和 now() 方法获取当前本地日期和时间

分别使用 today() 方法和 now() 方法获取当前本地日期和时间，代码如下：

```
from datetime import datetime                      # 导入datetime模块中的datetime类
print(datetime.today())                            # 通过today()方法打印当前系统日期和时间
print(datetime.now())                              # 通过now()方法打印当前系统日期和时间
```

输出结果为：

```
2020-08-14 13:08:57564
2020-08-14 13:08:57564
```

11.6　timetz() 方法——返回带有时区信息的时间对象

快用标签　timetz()　　today()

最常用　datetime 对象名 .timetz()，用于获取 datetime 对象所对应的带有时区信息的时间对象。

```
print(dt.timetz())                                 # 打印日期时间对象对应的时区时间【快】
```

➔ 语法

datetime 类中的 timetz() 方法用于获取 datetime 对象所对应的带有时区信息的时间对象。语法如下：

```
datetime对象名.timetz()
```

参数说明：

❖ 返回值：返回时区对应的时间对象。

➔ 应用

快学快用　获取日期时间对象所对应的时区时间

使用 timetz() 方法获取日期时间对象所对应的时区时间。代码如下：

```python
from datetime import datetime                # 导入datetime模块中的datetime类
dt=datetime.today()                          # 把获取的当前本地日期时间赋给变量dt
print(dt.timetz())                           # 打印日期时间对象对应的时区时间
```

输出结果为：

```
14:56:12401
```

11.7 timezone 类——相对于世界标准时间（UTC）的偏移量

快用标签　timezone()　time()

最常用　datetime.timezone(offset, name)，其中，offset 为一个时区偏移量 timedelta 对象，name 代表当前时区命名字符串。

关键代码段

```python
timezone_toronto = datetime.timezone(datetime.timedelta(hours=-4))  #【快】
```

➔ 语法

timezone 类是 tzinfo 类的一个子类，它的每一个实例代表一个与 UTC 的固定差值所定义的时区。需要注意的是：该类的对象不能用于表示某些特殊地点的时区信息。语法如下：

```
datetime.timezone(offset, name=None)
```

参数说明：

- offset：必须参数，指定一个 timedelta 对象，表示本地时间与 UTC 的差值。必须严格限制于 -timedelta(hours=24) 和 timedelta(hours=24) 之间，否则会引发 ValueError 错误。
- name：可选参数。如果指定该参数则必须是一个字符串，它将被当作 datetime.tzname() 方法的返回值。

➔ 应用

快学快用 获取自定义的时区名称

首先使用 timezone 类创建时区对象，然后通过 time 类中的 tzname() 方法获取自定义的时区名称。代码如下：

```python
import datetime                                          # 导入datetime模块
# 创建名称为欧洲 马德里时区
timezone_madrid = datetime.timezone(datetime.timedelta(hours=2),name='Europe/Madrid')
# 创建-4时区
timezone_toronto = datetime.timezone(datetime.timedelta(hours=-4))
t1 = datetime.time(4,5,12,tzinfo=timezone_madrid)       # 马德里时区的时间对象
t2 = datetime.time(4,5,12,tzinfo=timezone_toronto)      # -4时区的时间对象
t3 = datetime.time(4,5,12)                               # 未指定时区
print(t1.tzname())
print(t2.tzname())
print(t3.tzname())
```

输出结果为：

```
Europe/Madrid
UTC-04:00
None
```

11.8 tzname() 方法——日期时间对象返回时区名称

快用标签 tzname() now()

最常用 datetime 对象名 .tzname()，用于获取时区名称。

关键代码段

```
dt3 = datetime.datetime.now(tz=gettz('Australia/Sydney'))          # 澳大利亚 悉尼时区【快】
print('澳大利亚 悉尼时区名称:',dt3.tzname())
```

➔ 语法

datetime 类中的 tzname() 方法用于获取时区名称。语法如下：

```
datetime对象名.tzname()
```

参数说明：

❖ 返回值：如果 datetime 实例对象中指定了 tz 参数，将返回对应的时区名称。如果 datetime 实例对象未指定 tz 参数，则返回 None。返回的时区名称可以是“GMT”“UTC”“500”“-5:00”以及“美国东部时间”等有效名称。

➔ 应用

快学快用 获取 datetime 实例对象中对应的时区名称

使用 tzname() 方法获取 datetime 实例对象中对应的时区名称。代码如下：

```
import datetime                                                    # 导入datetime模块
from dateutil.tz import gettz                                      # 导入获取指定时区的方法
dt1 = datetime.datetime.now(tz=gettz('China Standard Time'))       # 获取中国标准时间时区
dt2 = datetime.datetime.now(tz=gettz('Pacific/Kiritimati'))        # 获取太平洋 圣诞岛时区
dt3 = datetime.datetime.now(tz=gettz('Australia/Sydney'))          # 澳大利亚 悉尼时区
dt4 = datetime.datetime.now(tz=gettz('Europe/Madrid'))             # 获取欧洲 马德里时区
dt5 = datetime.datetime.now(tz=gettz('America/Toronto'))           # 获取美国 多伦多时区
dt6 = datetime.datetime.now()                                      # 未指定时区
print('中国标准时间时区名称:',dt1.tzname())
print('太平洋 圣诞岛时区名称:',dt2.tzname())
print('澳大利亚 悉尼时区名称:',dt3.tzname())
print('欧洲 马德里时区名称：',dt4.tzname())
print('美国 多伦多时区名称',dt5.tzname())
print('未指定时区：',dt6.tzname())
```

输出结果为：

```
中国标准时间时区名称：中国标准时间
太平洋 圣诞岛时区名称：+14
澳大利亚 悉尼时区名称：AEST
欧洲 马德里时区名称： CEST
```

```
美国 多伦多时区名称 EDT
未指定时区： None
```

11.9 tzname() 方法——时间对象返回时区名称

快用标签 tzname()　time()

最常用 time 对象名 .tzname()，用于获取 time 对象的时区名称。

```
t2 = datetime.time(4,5,12,tzinfo=timezone_toronto)          # -4时区的时间对象【快】
```

➔ 语法

time 类中的 tzname() 方法用于获取 time 对象的时区名称。语法如下：

```
time对象名.tzname()
```

参数说明：

❖ 返回值：如果 time 实例对象中指定了 tzinfo 参数，将返回对应的时区名称。如果 time 实例对象未指定 tzinfo 参数，则返回 None。返回的时区名称可以是“GMT”“UTC”“500”“-5:00”以及“美国东部时间”等。

➔ 应用

快学快用 获取 time 对象的时区名称

使用 tzname() 方法获取 time 对象的时区名称。代码如下：

```
import datetime                                              # 导入datetime模块
# 创建名称为欧洲 马德里时区
timezone_madrid = datetime.timezone(datetime.timedelta(hours=2),name='Europe/Madrid')
# 创建-4时区
timezone_toronto = datetime.timezone(datetime.timedelta(hours=-4))
t1 = datetime.time(4,5,12,tzinfo=timezone_madrid)            # 马德里时区的时间对象
t2 = datetime.time(4,5,12,tzinfo=timezone_toronto)           # -4时区的时间对象
t3 = datetime.time(4,5,12)                                   # 未指定时区
```

```
print(t1.tzname())
print(t2.tzname())
print(t3.tzname())
```

输出结果为：

```
Europe/Madrid
UTC-04:00
None
```

11.10 tzname() 方法——返回在构造 timezone 实例时指定的 name 值

快用标签 tzname()　timezone()

最常用 timezone 对象名 .tzname(dt)，其中，dt 为一个 datetime 对象。

关键代码段

```
reduce_four = datetime.timezone(datetime.timedelta(hours=-4))    # 创建-4时区对象【快】
```

➔ 语法

timezone 类中的 tzname() 方法用于获取在构造 timezone 实例时指定的 name 值。语法如下：

```
timezone对象名.tzname(dt)
```

参数说明：

- dt：必须参数，一个 datetime 实例对象。
- 返回值：返回在构造 timezone 实例时指定的 name 值，如果没有为构造器提供 name 参数，则 tzname(dt) 所返回的名称将根据偏移值（offset）按 UTC+00:00 规则生成。如果 offset 为 timedelta(0)，则名称为“UTC”，否则为字符串 'UTC±HH:MM'，其中 ± 为 offset 值的正负，HH 和 MM 分别表示偏移的小时数（offset.hours）和分钟数（offset.minutes）。

➔ 应用

快学快用 获取在构造 timezone 实例时指定的 name 值

使用 timezone 类中的 tzname() 方法获取在构造 timezone 实例时指定的 name 值。代码如下：

```
import datetime                                                              # 导入datetime模块
# 创建名称为欧洲 马德里时区
timezone_madrid = datetime.timezone(datetime.timedelta(hours=2),name='Europe/Madrid')
reduce_four = datetime.timezone(datetime.timedelta(hours=-4))                # 创建-4时区对象
plus_four = datetime.timezone(datetime.timedelta(hours=4))                   # 创建+4时区对象
# 创建UTC时区对象，协调世界时为0
utc_time = datetime.timezone(datetime.timedelta(hours=0))
dt = datetime.datetime.now()                      # datetime对象
print(timezone_madrid.tzname(dt))                 # 打印时区名称
print(reduce_four.tzname(dt))                     # 打印-4时区
print(plus_four.tzname(dt))                       # 打印+4时区
print(utc_time.tzname(dt))                        # 打印UTC时区
```

输出结果为：

```
Europe/Madrid
UTC-04:00
UTC+04:00
UTC
```

11.11 utcoffset() 方法——返回在构造 timezone 实例时指定的 UTC 偏移量

快用标签 utcoffset() timezone() now()

最常用 timezone 对象名 .utcoffset(dt)，其中，dt 为一个 datetime 对象。

关键代码段

```
# 创建名称为欧洲 马德里时区【快】
timezone_madrid = datetime.timezone(datetime.timedelta(hours=2),name='Europe/Madrid')
print(timezone_madrid.utcoffset(dt))          # 打印时区名称
```

语法

timezone 类中的 utcoffset() 方法用于获取在构造 timezone 实例时指定的 UTC 偏移量。语法如下：

```
timezone对象名.utcoffset(dt)
```

参数说明：

- dt：必须参数，表示 datetime 实例对象。
- 返回值：返回在构造 timezone 实例时指定的 UTC 偏移量。

➔ 应用

快学快用　获取在构造 timezone 实例时指定的 UTC 偏移量

使用 timezone 类中的 utcoffset() 方法获取在构造 timezone 实例时指定的 UTC 偏移量。代码如下：

```
import datetime                                      # 导入datetime模块
# 创建名称为欧洲 马德里时区
timezone_madrid = datetime.timezone(datetime.timedelta(hours=2),name='Europe/Madrid')
# 创建-4时区对象
reduce_four = datetime.timezone(datetime.timedelta(hours=-4))
# 创建+4时区对象
plus_four = datetime.timezone(datetime.timedelta(hours=4))
# 创建UTC时区对象，协调世界时为0
utc_time = datetime.timezone(datetime.timedelta(hours=0))
dt = datetime.datetime.now()                         # datetime对象
print(timezone_madrid.utcoffset(dt))                 # 打印时区名称
print(reduce_four.utcoffset(dt))                     # 打印-4时区
print(plus_four.utcoffset(dt))                       # 打印+4时区
print(utc_time.utcoffset(dt))                        # 打印UTC时区
```

输出结果为：

```
2:00:00
-1 day, 20:00:00
4:00:00
0:00:00
```

11.12 utc 属性——获取 UTC 时区

快用标签　utc　replace()　timezone()

最常用　timezone 对象名 .utc，用于获取 UTC 时区。

关 键 代 码 段

```
print(timezone_madrid.utc)              # 打印名称为欧洲 马德里时区的UTC时区【快1】
obj = obj.replace(tzinfo = timezone.utc)  # 【快2】
```

语法

timezone 类中的 **utc 属性**用于获取 **UTC** 时区，即 timezone(timedelta(0))。语法如下：

```
timezone对象名.utc
```

参数说明：

- 返回值：返回 UTC 时区，即 timezone(timedelta(0))。

应用

快学快用 1　获取 timezone 实例对象的 UTC 时区

使用 timezone 类中的 utc 属性获取对应的 UTC 时区。代码如下：

```
import datetime                          # 导入datetime模块
# 创建名称为欧洲 马德里时区
timezone_madrid = datetime.timezone(datetime.timedelta(hours=2),name='Europe/Madrid')
# 创建-4时区
timezone_toronto = datetime.timezone(datetime.timedelta(hours=-4))
print(timezone_madrid.utc)               # 打印欧洲 马德里时区的UTC时区
print(timezone_toronto.utc)              # 打印-4时区的UTC时区
```

输出结果为：

```
UTC
UTC
```

快学快用 2　时区转换

首先通过 timezone.utc 属性更新一个 datetime 对象为 UTC 标准时区时间，然后再通过 astimezone() 方法**转换时区**。代码如下：

```
from datetime import timezone, timedelta
from datetime import datetime

obj = datetime(2020, 12, 23, 20, 20, 20 )
# 设置UTC标准时区
```

```
obj = obj.replace(tzinfo = timezone.utc)

# 创建一个新的时区
tz_obj = timezone(timedelta(hours = 9))  # 东9区（日本东京）
# 时区转换
obj = obj.astimezone(tz_obj)
print(f"转换为东京的时间为：  {obj}")
```

输出结果为：

```
转换为东京的时间为： 2020-12-23 21:20:20+09:00
```

03

calendar模块——日历相关操作

calendar模块（日历模块）的方法都与日历相关，例如生成指定年份的日历、判断指定年份是否为闰年等。默认情况下，这些日历把星期一当作一周的第一天，星期天为一周的最后一天（按照欧洲惯例）。可以使用setfirstweekday()方法设置一周的第一天为星期天(6)或者其它任意一天。此外calendar模块中的TextCalendar和HTMLCalendar类可以输出指定格式的文本与HTML代码。

第12章 属性与时间戳

12.1 day_abbr 属性——获取星期英文缩写的数组

快用标签 day_abbr enumerate()

最常用 calendar.day_abbr，获取星期英文缩写，即星期一至星期日英文缩写的数组。

关键代码段

```
week_array = calendar.day_abbr                # 获取星期一至星期日英文缩写数组【快1】
week_array = calendar.day_abbr                # 获取星期一至星期日英文缩写数组【快2】
for i,v in enumerate(week_array):             # 遍历星期一至星期日英文缩写
    if i==myweek(week):                       # 调用自定义函数将输入的星期转换为数字并进行判断
        print(week,'的英文缩写为：',v)
```

语法

calendar 模块的 day_abbr 属性用于获取星期，即星期一至星期日英文缩写的数组。语法如下：

```
calendar.day_abbr
```

参数说明：

❖ 返回值：返回一个数组，内容为字符型星期一至星期日的英文缩写。

应用

快学快用 1 获取星期一至星期日的英文缩写

使用 day_abbr 属性获取星期一至星期日的英文缩写。代码如下：

```
import calendar                               # 导入日历模块
week_list = ['星期一','星期二','星期三','星期四','星期五','星期六','星期日']
week_array = calendar.day_abbr                # 获取星期一至星期日英文缩写数组
for i,v in enumerate(week_array):             # 遍历星期一至星期日英文缩写
```

```
    print(week_list[i],'的英文缩写为：',v)
```

输出结果为：

```
星期一 的英文缩写为： Mon
星期二 的英文缩写为： Tue
星期三 的英文缩写为： Wed
星期四 的英文缩写为： Thu
星期五 的英文缩写为： Fri
星期六 的英文缩写为： Sat
星期日 的英文缩写为： Sun
```

快学快用 2 将用户输入的星期转换为英文缩写

使用 day_abbr 属性将用户输入的星期转换为英文缩写格式，例如，星期一将转换为 Mon。代码如下：

```
import calendar                          # 导入日历模块
# 根据星期几返回数字0至6
def myweek(name):
    week_dict = {
        '星期一': 0,
        '星期二': 1,
        '星期三': 2,
        '星期四': 3,
        '星期五': 4,
        '星期六': 5,
        '星期日': 6
    }
    return week_dict[name]
week = input('请输入星期：')              # 输入星期
week_array = calendar.day_abbr           # 获取星期一至星期日英文缩写数组
for i, v in enumerate(week_array):       # 遍历星期一至星期日英文缩写
    if i == myweek(week):                # 调用自定义函数将输入的星期转换为数字并进行判断
        print(week, '的英文缩写为：', v)
```

输出结果为：

```
请输入星期：星期一
星期一 的英文缩写为： Mon
请输入星期：星期日
星期日 的英文缩写为： Sun
```

12.2 day_name 属性——获取星期英文名称组成的数组

快用标签 day_name　random()　sample()

最常用 calendar.day_name，用于获取星期名称，即星期一至星期日的英文名称组成的数组。

关键代码段

```
week_array = calendar.day_name                # 获取星期一至星期日的英文名称数组【快1】
day_randoms=random.sample(list,3)             # 随机不重复（从列表中随机抽取3个数字）【快2】
week_array = calendar.day_name                # 获取星期一至星期日的英文名称数组
for i in day_randoms:
    print(week_array[i])
```

➔ 语法

calendar 模块的 day_name 属性用于获取星期，即星期一至星期日的英文名称的数组。语法如下：

```
calendar.day_name
```

参数说明：

❖ 返回值：返回一个数组，内容为字符型星期一至星期日的英文名称。

➔ 应用

快学快用 1　获取星期一至星期日的英文名称

使用 day_name 属性获取星期一至星期日的英文名称。代码如下：

```
import calendar                                # 导入日历模块
week_list = ['星期一','星期二','星期三','星期四','星期五','星期六','星期日']
week_array = calendar.day_name                 # 获取星期一至星期日英文名称数组
for i,v in enumerate(week_array):              # 遍历星期一至星期日英文名称
    print(week_list[i],'的英文名称为：',v)
```

输出结果为：

```
星期一 的英文名称为： Monday
星期二 的英文名称为： Tuesday
```

```
星期三 的英文名称为:  Wednesday
星期四 的英文名称为:  Thursday
星期五 的英文名称为:  Friday
星期六 的英文名称为:  Saturday
星期日 的英文名称为:  Sunday
```

快学快用 2 随机抽取 3 天值班并将其转换为星期的英文名称

使用 random 模块的 sample() 函数在一周内随机抽取 3 天作为值班日，并将其转换为对应的星期英文名称。代码如下：

```
import random                              # 导入随机模块
import calendar                            # 导入日历模块
list=[0,1,2,3,4,5,6]                       # 0~6的数字列表
day_randoms=random.sample(list,3)          # 随机不重复（从列表中随机抽取3个数字）
print('随机抽取的数字是：',day_randoms)
# 将随机抽取的数字转换为与之对应的星期的英文名称
print('对应的星期如下：')
week_array = calendar.day_name             # 获取星期一至星期日英文名称数组
for i in day_randoms:
    print(week_array[i])
```

输出结果为：

```
随机抽取的数字是：  [4, 6, 1]
对应的星期如下：
Friday
Sunday
Tuesday
```

12.3 HTMLCalendar 类——日历样式相关属性

HTMLCalendar 类具有如表 12.1 所示的日历样式相关属性，通过重载它们来自定义日历的样式。

表 12.1 日历样式相关属性

属　性	说　明
cssclasses	获取一个对应星期一到星期天的 CSS class 列表
cssclass_noday	获取本月前后的 css 类
cssclasses_weekday_head	用于标题行中的工作日名称的 CSS 类列表，默认值与 cssclasses 相同

续表

属　性	说　明
cssclass_month_head	获取月份头的 css 类，默认值为 month
cssclass_month	获取某个月的月历的 CSS 类，默认值为 month
cssclass_year	获取某年的年历的 CSS 类，默认值为 year
cssclass_year_head	获取年历的表头 CSS 类，默认值为 year

12.4 month_abbr 属性——获取月份英文缩写的数组

快用标签 month_abbr

最常用 month_abbr，用于获取一年中每个月份英文缩写的数组。

```
print(list(calendar.month_abbr))                    # 打印一年中每个月份英文缩写的数组【快】
```

➔ 语法

calendar 模块的 month_abbr 属性用于获取一年中每个月份英文缩写的数组。语法如下：

```
calendar.month_abbr
```

参数说明：

❖ 返回值：返回一个数组，其内容为当前系统环境一年中每个月的英文缩写，为了遵循 1 月份对应数组索引为 1，所以该数组中的第一个元素为空字符串，数组长度为 13。

➔ 应用

快学快用　获取一年中每个月份名称的英文缩写

使用 month_abbr 属性获取一年中每个月份名称的英文缩写。代码如下：

```
import calendar                                # 导入日历模块
month_list = list(calendar.month_abbr)         # 将数组转换为列表
```

```
print(list(calendar.month_abbr))                    # 打印一年中每个月份的英文缩写
```

输出结果为：

```
['', 'Jan', 'Feb', 'Mar', 'Apr', 'May', 'Jun', 'Jul', 'Aug', 'Sep', 'Oct', 'Nov', 'Dec']
```

12.5 month_name 属性——获取月份英文名称的数组

快用标签 month_name　list()　index()

最常用 month_name，获取一年中每个月份英文名称的数组。

关键代码段

```
month_list = list(calendar.month_name)              # 将数组转换为列表【快1】
month_list = list(calendar.month_name)              # 将数组转换为列表【快2】
for i in month_list:
    if i!='':                                       # 去除空的列表元素
        if month_list.index(i)%2==0:                # 奇偶月判断
```

➔ 语法

calendar 模块的 month_name 属性用于获取一年中每个月份英文名称的数组。语法如下：

```
calendar.month_name
```

参数说明：

❖ 返回值：返回一个数组，其内容为当前系统环境一年中每个月的英文名称，为了遵循 1 月份对应数组索引为 1，所以该数组中的第一个元素为空字符串，数组长度为 13。

➔ 应用

快学快用 1　获取一年中每个月份的英文名称

使用 month_name 属性获取一年中每个月份的英文名称。代码如下：

```
import calendar                                     # 导入日历模块
month_list = list(calendar.month_name)              # 将数组转换为列表
print(month_list)                                   # 打印一年中每个月份的英文名称
```

输出结果为：

```
['', 'January', 'February', 'March', 'April', 'May', 'June', 'July', 'August', 'September', 'October', 'November', 'December']
```

快学快用 2　分别获取奇数月份和偶数月份的英文名称

使用 month_name 属性获取一年中每个月份的英文名称并区分奇、偶月份，代码如下：

```
import calendar                                   # 导入日历模块

month_list = list(calendar.month_name)            # 将数组转换为列表
for i in month_list:
    if i!='':                                     # 去除空的列表元素
        if month_list.index(i)%2==0:
            print('偶数月：',i)                    # 输出偶数月份的英文名称
        else:
            print('奇数月：',i)                    # 输出奇数月份的英文名称
```

输出结果为：

```
奇数月：  January
偶数月：  February
奇数月：  March
偶数月：  April
奇数月：  May
偶数月：  June
奇数月：  July
偶数月：  August
奇数月：  September
偶数月：  October
奇数月：  November
偶数月：  December
```

12.6　timegm() 方法——将时间元组转换为时间戳

快用标签　timegm()　now()　int()

最常用　calendar.timegm(tupletime)，其中 tupletime 为时间元组。

关键代码段

```
print('指定时间元组对应的时间戳为：',calendar.timegm((2019,1,2,21,26,0,0,0,0)))  #【快1】
# 将localtime()方法获取的当前时间的时间元组转换为时间戳
print('当前时间元组对应的时间戳为：',calendar.timegm(time.localtime()))
date_start=calendar.timegm((2020,5,21,0,0,0))  # 当前时间【快2】
date_end=calendar.timegm((2021,6,7,0,0,0))     # 2021年高考时间：2021年6月7日
print('距离2021年高考：',int((date_end-date_start)/86400),'天')  # 1天=86400秒
mytime=datetime.datetime.now()                 # 当前系统时间【快3】
y=mytime.year                                  # 年
m=mytime.month                                 # 月
d=mytime.day                                   # 日
h=mytime.hour                                  # 小时
min=mytime.minute                              # 分钟
s=mytime.second                                # 秒
# 将时间元组转换为时间戳
a=calendar.timegm((y,m,d,h,min,s))             # 返回结果乘以1000转换为毫秒得到13位时间戳
```

➔ 语法

calendar 模块的 timegm() 方法用于接收一个时间元组，然后返回该时刻的时间戳。语法如下：

```
calendar.timegm(tupletime)
```

参数说明：

- tupletime：时间元组。
- 返回值：时间戳。

➔ 应用

快学快用 1　将指定的时间元组转换为时间戳

使用 timegm() 方法将时间元组转换为时间戳。代码如下：

```
import calendar,time  # 导入日历模块和时间模块
# 将时间元组转换为时间戳
print('指定时间元组对应的时间戳为：',calendar.timegm((2019,1,2,21,26,0,0,0,0)))
# 将localtime()方法获取的当前时间的时间元组转换为时间戳
print('当前时间元组对应的时间戳为：',calendar.timegm(time.localtime()))
```

输出结果为：

```
指定时间元组对应的时间戳为： 1546464360
当前时间元组对应的时间戳为： 1565356084
```

快学快用 2　通过时间戳计算距离 2021 年高考的天数

通过 timegm() 方法将指定日期与高考日期的元组形式转换为时间戳，通过时间戳作减法运算得到秒数，然后将秒数转换为天数。代码如下：

```
import calendar                                   # 导入日历模块
# 将时间元组转换为时间戳
date_start=calendar.timegm((2020,5,21,0,0,0))    # 当前时间
date_end=calendar.timegm((2021,6,7,0,0,0))       # 2021年高考时间：2021年6月7日
print('距离2021年高考：',int((date_end-date_start)/86400),'天')   # 1天=86400秒
```

输出结果为：

```
距离2021年高考： 382 天
```

快学快用 3　获取当前系统时间的 13 位时间戳

首先使用 datetime 模块获取当前系统时间并进行分解，然后使用 timegm() 方法将其转换为 10 位时间戳，最后通过将秒乘以 1000 转换为毫秒的方法获取 13 位时间戳。代码如下：

```
import calendar                                   # 导入日历模块
import datetime                                   # 导入日期时间模块
mytime=datetime.datetime.now()                    # 当前系统时间
y=mytime.year                                     # 年
m=mytime.month                                    # 月
d=mytime.day                                      # 日
h=mytime.hour                                     # 小时
min=mytime.minute                                 # 分钟
s=mytime.second                                   # 秒
# 将时间元组转换为时间戳
a=calendar.timegm((y,m,d,h,min,s))                # 当前时间
print('10位时间戳：',a)
# 通过将秒乘以1000转换为毫秒的方法获取13位时间戳
print('13位时间戳：',a*1000)
```

输出结果为：

```
10位时间戳： 1589966431
13位时间戳： 1589966431000
```

第13章 闰年及星期相关方法

13.1 Calendar 类

快用标签 Calendar() iterweekdays()

最常用 Calendar.Calendar(firstweekday=0)，其中 firstweekday 是一个整数，用于设置一周的第一天为星期几（0 表示星期一，以此类推）。

```
c = Calendar()                        # 创建默认的Calendar对象【快】
c = Calendar(firstweekday=6)          # 设置星期日为一周的第一天【快】
```

➔ 语法

Calendar 类用于创建一个日历对象，并设置一周的第一天为星期几。语法如下：

```
calendar.Calendar(firstweekday=0)
```

参数说明：

❖ firstweekday：整数，用于设置一周的第一天为星期几（其中 0 表示星期一，以此类推）。

➔ 应用

快学快用 设置星期日作为一周的第一天

首先创建日历对象，然后设置 firstweekday 参数值为 6 来指定星期日作为一周的第一天。代码如下：

```
from calendar import Calendar             # 导入日历模块中的Calendar类
c = Calendar()                            # 创建默认的Calendar对象
print(list(c.iterweekdays()))             # 返回一周中每天对应星期几的迭代器
c = Calendar(firstweekday=6)              # 设置星期日为一周的第一天
print('设置星期日为一周的第一天：')
print(list(c.iterweekdays()))             # 返回一周中每天对应星期几的迭代器
```

输出结果为：

```
[0, 1, 2, 3, 4, 5, 6]
设置星期日为一周的第一天：
[6, 0, 1, 2, 3, 4, 5]
```

13.2 firstweekday() 方法——返回当前周的起始日期

快用标签 firstweekday()

最常用 calendar.firstweekday()，首次载入 calendar 模块返回 0，即星期一。

关键代码段

```
week_index=calendar.firstweekday()          # 返回当前周的起始日期（星期几）【快】
```

语法

calendar 模块的 firstweekday() 方法用于返回当前每周的起始日期。0 代表星期一、1 代表星期二……6 代表星期日。语法如下：

```
calendar.firstweekday()
```

参数说明：

❖ 返回值：默认情况下，首次载入 calendar 模块时返回 0，即星期一。

应用

快学快用 获取当前周起始日期

使用 firstweekday() 方法获取当前周的起始日期，即星期几。代码如下：

```
import calendar                                  # 导入日历模块
week_list = ['星期一','星期二','星期三','星期四','星期五','星期六','星期日',]  # 星期列表
week_index=calendar.firstweekday()               # 返回当前周的起始日期（星期几）
print('本周的第一天为：',week_list[week_index])
```

输出结果为：

```
本周的第一天为： 星期一
```

13.3 leapdays() 方法——获取指定年份之间的闰年总数

快用标签 leapdays() range() int() input()

最常用 calendar.leapdays(y1,y2)，其中 y1 是指定的开始年份，y2 是指定的结束年份（不包括该年）。

关键代码段

```
print(calendar.leapdays(2000,2018)) # 检测从2000年到2018年（不包括该年）之间的闰年个数【快1】
for i in range(2010,2021,1):        #【快2】
    n=calendar.leapdays(i,i+1)      # 检测每一年的闰年个数n大于零为闰年
n=calendar.leapdays(year,year+1)    # 检测闰年个数【快3】
```

语法

calendar 模块中的 leapdays() 方法用于获取指定年份之间的闰年总数。语法如下：

```
calendar.leapdays(y1,y2)
```

参数说明：

- y1：指定开始年份。
- y2：指定结束年份（不包括该年）。
- 返回值：返回一个整数，即返回在 y1 和 y2 年份之间的闰年总数，包括 y1，但不包括 y2。

应用

快学快用 1 检测两个年份之间的闰年个数

使用 leapdays() 方法检测 2000 年～2018 年（不包括该年）之间的闰年个数。代码如下：

```
import calendar                        # 导入日历模块
print(calendar.leapdays(2000,2018))    # 检测从2000年~2018年（不包括该年）之间的闰年个数
```

输出结果为：

```
5
```

快学快用 2　循环检测 2010 年 ~ 2020 年是平年还是闰年

使用 leapdays() 方法结合循环语句，循环检测 2010 年 ~ 2020 年是平年还是闰年。代码如下：

```
import calendar                              # 导入日历模块
# 循环检测2010年~2020年是平年还是闰年
for i in range(2010,2021,1):
    n=calendar.leapdays(i,i+1)               # 检测每一年的闰年个数
    # 大于零为闰年，否则为平年
    if n>0:
        print(i,'年：闰年')
    else:
        print(i, '年：平年')
```

输出结果为：

```
2010 年：平年
2011 年：平年
2012 年：闰年
2013 年：平年
2014 年：平年
2015 年：平年
2016 年：闰年
2017 年：平年
2018 年：平年
2019 年：平年
2020 年：闰年
```

快学快用 3　判定输入的年份是平年还是闰年

实现判定用户输入的年份是平年还是闰年。代码如下：

```
import calendar                              # 导入日历模块
year=int(input('请输入年份：'))
n=calendar.leapdays(year,year+1)             # 检测闰年个数
# 大于零为闰年，否则为平年
if n > 0:
    print('闰年')
else:
    print('平年')
```

输出结果为：

```
请输入年份：1600
闰年
```

```
请输入年份：1800
平年
请输入年份：2000
闰年
```

13.4 monthrange() 方法——获取指定月份从星期几开始及天数

快用标签 monthrange()　range()

最常用 calendar.monthrange(year,month)，其中 year 为指定年份；month 为指定月份。返回一个包含两个整数的元组，第一个整数代表指定月份的第一天从星期几开始（0 代表星期一，1 代表星期二……6 代表星期日）；第二个整数代表该月一共有多少天。

关键代码段

```
print(calendar.monthrange(2019,1))      # 获取2019年1月第一天是从星期几开始及当月的天数【快1】
# 输出2020年每个月的天数以及第一天是星期几【快2】
for i in range(1,13):
    mytuple=calendar.monthrange(2020,i)                        # 获取2020年
    print(mytuple[1],'天 第一天是：',myweek(mytuple[0]))      # 【快2】
# 循环输出5月至8月并计算每个月的天数【快3】
for i in range(5,8,1):
    mytuple=calendar.monthrange(2020,i)
    print(i,'月',mytuple[1],'天')
    n=n+mytuple[1]                                             # 累计求和
```

➔ 语法

calendar 模块的 monthrange() 方法用于获取指定月份的第一天从星期几开始及该月的天数。语法如下：

```
calendar.monthrange(year,month)
```

参数说明：

❖ year：指定年份。

❖ month：指定月份。

❖ 返回值：返回一个包含两个整数的元组，第一个整数代表指定月份的第一天从星期几开始（0代表星期一，1代表星期二……6代表星期日），第二个整数代表该月一共有多少天。

➔ 应用

快学快用 1　获取指定月份从星期几开始及该月的天数

使用 monthrange() 方法获取 2019 年 1 月第一天从星期几开始及该月的天数。代码如下：

```
import calendar                                    # 导入日历模块
# 获取2019年1月第一天是从星期几开始及当月的天数
print(calendar.monthrange(2019,1))
```

输出结果为：

```
(1,31)
```

快学快用 2　输出 2020 年每个月的天数以及第一天是星期几

通过 for 循环并结合自定义函数输出 2020 年每个月的天数以及第一天是星期几。代码如下：

```
import calendar                                    # 导入日历模块

# 根据数字0至6返回星期几
def myweek(n):
    week_dict = {
        0: '星期一',
        1: '星期二',
        2: '星期三',
        3: '星期四',
        4: '星期五',
        5: '星期六',
        6: '星期日'
    }
    return week_dict[n]

# 输出2020年每个月的天数以及第一天是星期几
for i in range(1, 13):
    mytuple = calendar.monthrange(2020, i)         # 获取2020年
    print('2020年', str(i), '月')
    print(mytuple[1], '天 第一天是：', myweek(mytuple[0]))
```

输出结果为：

```
2020年 1 月
31 天 第一天是： 星期三
2020年 2 月
29 天 第一天是： 星期六
2020年 3 月
31 天 第一天是： 星期日
2020年 4 月
30 天 第一天是： 星期三
2020年 5 月
31 天 第一天是： 星期五
2020年 6 月
30 天 第一天是： 星期一
2020年 7 月
31 天 第一天是： 星期三
2020年 8 月
31 天 第一天是： 星期六
2020年 9 月
30 天 第一天是： 星期二
2020年 10 月
31 天 第一天是： 星期四
2020年 11 月
30 天 第一天是： 星期日
2020年 12 月
31 天 第一天是： 星期二
```

快学快用 3　计算指定月份的总天数

日常工作中，经常需要定制项目计划或工作计划等。例如，某项目计划 3 个月（5月～7月）之内完成。使用 monthrange() 方法计算 5月～7 月各多少天以及这 3 个月总计要多少天。代码如下：

```
import calendar                          # 导入日历模块
n=0                                      # 初始值
# 循环输出5月至8月并计算每个月的天数
for i in range(5,8,1):
    mytuple=calendar.monthrange(2020,i)
    print(i,'月',mytuple[1],'天')
    n=n+mytuple[1]                       # 累计求和
print('总计：',n,'天')                    # 输出总计天数
```

输出结果为：

```
5 月 31 天
6 月 30 天
7 月 31 天
总计:  92 天
```

13.5 setfirstweekday()——设置每周的起始日期

快用标签 setfirstweekday()　month()　firstweekday()　int()　input()

最常用 calendar.setfirstweekday(weekday)，用于设置每周的起始日期，0 代表星期一，1 代表星期二……6 代表星期日。

关键代码段

```
calendar.setfirstweekday(6)                    # 将星期日设置为一周第一天【快1】
print('修改后：',calendar.firstweekday())        # 返回6，即星期日
calendar.setfirstweekday(firstweekday=5)       # 设置第一天是星期六【快2】
print(calendar.month(year,month))              # 显示日历
```

➔ 语法

calendar 模块的 setfirstweekday() 方法用于设置每周的起始日期，0 代表星期一，1 代表星期二……6 代表星期日。语法如下：

```
calendar.setfirstweekday(weekday)
```

参数说明：

❖ weekday：指定每周的起始日期。

➔ 应用

快学快用 1　将第一个工作日设置为星期日

通过 setfirstweekday() 方法将第一个工作日设置为星期日。代码如下：

```
import calendar                                # 导入日历模块
print('默认返回：',calendar.firstweekday())      # 默认返回0，即星期一
calendar.setfirstweekday(6)                    # 将星期日设置为一周第一天
print('修改后：',calendar.firstweekday())        # 返回6，即星期日
```

输出结果为：

```
默认返回： 0
修改后： 6
```

快学快用 2 根据用户输入的年份和月份生成第一天为星期六的日历

根据用户输入的年份和月份自动生成将星期六作为这个月的第一天的日历。代码如下：

```
import calendar                                          # 导入日历模块

# 输入年份和月份
year = int(input("输入年份: "))
month = int(input("输入月份: "))
calendar.setfirstweekday(firstweekday=5)                # 设置第一天是星期六
# 显示日历
print(calendar.month(year,month))
```

输出结果为：

```
输入年份: 2020
输入月份: 9
   September 2020
Sa Su Mo Tu We Th Fr
          1  2  3  4
 5  6  7  8  9 10 11
12 13 14 15 16 17 18
19 20 21 22 23 24 25
26 27 28 29 30
```

13.6 weekday() 方法——获取指定日期的星期码

快用标签 weekday()　Calendar()　map()　split()

最常用 calendar.weekday(year,month,day)，其中 year 为指定年份；month 为指定月份；day 为指定某天。返回指定日期的星期码，0 代表星期一、1 代表星期二……6 代表星期日。

关键代码段

```
print(calendar.weekday(2018,12,16))                                    # 星期日【快1】
date=input('请输入日期(格式为：dddd,m,d)：')                            # 输入日期【快2】
date_list=list(map(int,date.split(',')))                               # 将日期分割为列表
n=calendar.weekday(date_list[0],date_list[1],date_list[2])             # 获取日期的星期码
itermonth= calendar_obj.itermonthdates(2020,8)  # 获取2020年8月的日期迭代器【快3】
# 循环遍历迭代器中的日期（其中包含当前月份开始那周与结束那周的所有日期）
for date in itermonth:
    date_list = list(map(int,str(date).split('-')))                    # 日期转换为列表
    n=calendar.weekday(date_list[0],date_list[1],date_list[2])  # 获取指定日期的星期码
    # 将星期一添加到列表中
    if n==0:
        Mon.append(str(date))
n=calendar.weekday(date_list[0],date_list[1],date_list[2])        # 获取指定日期的星期码【快4】
if  date_list[1]!=4 and date_list[1]!=8:          # 去除日期中包含的4月和8月的日期
    if n != 5 and n != 6:                         # 将除星期六和星期日的日期添加到列表中
        if str(date) not in mydate_list:
            mydate_list.append(str(date))
```

➔ 语法

calendar 模块的 weekday() 方法用于获取指定日期的星期码，通过指定年份、指定月份和指定某天来获取星期几。语法如下：

```
calendar.weekday(year,month,day)
```

参数说明：

- year：指定年份。
- month：指定月份。
- day：指定某天。
- 返回值：返回指定日期的星期码，0 代表星期一，1 代表星期二……6 代表星期日。

➔ 应用

快学快用 1　获取指定日期的星期码

获取 2018 年 12 月 15 日至 17 日的星期码。代码如下：

```
import calendar                                # 导入日历模块
print(calendar.weekday(2018,12,15))            # 星期六
print(calendar.weekday(2018,12,16))            # 星期日
print(calendar.weekday(2018,12,17))            # 星期一
```

输出结果为：

```
5
6
0
```

快学快用 2　星期速查小工具

用户输入日期后，即可查询到所输入日期是星期几。代码如下：

```
import calendar                                # 导入日历模块
# 根据数字0~6返回星期几
def myweek(n):
    week_dict = {
        0: '星期一',
        1: '星期二',
        2: '星期三',
        3: '星期四',
        4: '星期五',
        5: '星期六',
        6: '星期日'
    }
    return week_dict[n]
date = input('请输入日期(格式为：dddd,m,d)：')                          # 输入日期
date_list = list(map(int, date.split(',')))                           # 将日期分割为列表
n = calendar.weekday(date_list[0], date_list[1], date_list[2])        # 获取日期的星期码
print('今天是：', myweek(n))                    # 星期码转换为星期几的格式后输出
```

输出结果为：

```
请输入日期(格式为：dddd,m,d)：2020,5,18
今天是： 星期一
```

快学快用 3　提取指定月份中所有星期一的日期

日常生活中，经常会有值班、值日的情况，如每个月的星期一值班。为了便于排班，下面通过给定的月份，从中提取该月份所有星期一的日期，主要通过 weekday() 方法结合 Calendar 类实现。

首先使用 Calendar 类的 itermonthdates() 方法获取 2020 年 8 月的日期（其中包含该月份开始的周

与结束周的日期)，然后使用 weekday() 方法获取星期码，将符合 0（即星期一）的所有日期提取出来并存放在列表中。代码如下：

```
import calendar                                          # 导入日历模块
from calendar import Calendar                            # 导入日历模块中的Calendar类
Mon=[]                                                   # 创建列表
calendar_obj = Calendar()                                # 创建默认的Calendar对象
itermonth= calendar_obj.itermonthdates(2020,8)           # 获取2020年8月的日期迭代器
# 循环遍历迭代器中的日期（其中包含当前月份开始那周与结束那周的所有日期）
for date in itermonth:
    date_list = list(map(int,str(date).split('-')))                   # 日期转换为列表
    n=calendar.weekday(date_list[0],date_list[1],date_list[2]) # 获取指定日期的星期码
    # 将星期一添加到列表中
    if n==0:
        Mon.append(str(date))
print(Mon)
```

输出结果为：

```
['2020-07-27', '2020-08-03', '2020-08-10', '2020-08-17', '2020-08-24', '2020-08-31']
```

快学快用 4　定制计划日历

使用 weekday() 方法定制计划日历，星期六和星期日除外，并计算计划工作日天数。例如，定制 5 月～7 月这 3 个月的计划日历。代码如下：

```
import calendar                                          # 导入日历模块
from calendar import Calendar                            # 导入日历模块中的Calendar类
mydate_list=[]                                           # 创建列表
calendar_obj = Calendar()                                # 创建默认的Calendar对象
# 循环获取2020年5月~7月的日期迭代器
for i in range(5,8,1):
    itermonth = calendar_obj.itermonthdates(2020, i)
    # 循环遍历迭代器中的日期（其中包含当前月份开始那周与结束那周的所有日期）
    for date in itermonth:
        date_list = list(map(int,str(date).split('-')))                   # 日期转换为列表
        n=calendar.weekday(date_list[0],date_list[1],date_list[2]) # 获取指定日期的星期码
        # 去除日期中包含的4月和8月的日期
        if  date_list[1]!=4 and date_list[1]!=8:
            # 去除星期六、星期日和重复的日期添加到列表中
            if n != 5 and n != 6:
                if str(date) not in mydate_list:      # 去除重复日期
                    mydate_list.append(str(date))
```

```
print('计划日期如下：')
print(mydate_list)
print('计划工作日：',len(mydate_list),'天')
```

输出结果为：

```
计划日历如下：
['2020-05-01', '2020-05-04', '2020-05-05', '2020-05-06', '2020-05-07', '2020-05-08', '2020-05-11',
 '2020-05-12', '2020-05-13', '2020-05-14', '2020-05-15', '2020-05-18', '2020-05-19', '2020-05-20',
 '2020-05-21', '2020-05-22', '2020-05-25', '2020-05-26', '2020-05-27', '2020-05-28', '2020-05-29',
 '2020-06-01', '2020-06-02', '2020-06-03', '2020-06-04', '2020-06-05', '2020-06-08', '2020-06-09',
 '2020-06-10', '2020-06-11', '2020-06-12', '2020-06-15', '2020-06-16', '2020-06-17', '2020-06-18',
 '2020-06-19', '2020-06-22', '2020-06-23', '2020-06-24', '2020-06-25', '2020-06-26', '2020-06-29',
 '2020-06-30', '2020-07-01', '2020-07-02', '2020-07-03', '2020-07-06', '2020-07-07', '2020-07-08',
'2020-07-09', '2020-07-10', '2020-07-13', '2020-07-14', '2020-07-15', '2020-07-16', '2020-07-17',
'2020-07-20', '2020-07-21', '2020-07-22', '2020-07-23', '2020-07-24', '2020-07-27', '2020-07-28',
'2020-07-29', '2020-07-30', '2020-07-31']
计划工作日： 66 天
```

13.7 weekheader() 方法——返回包含星期的英文缩写

快用标签 weekheader()

最常用 calendar.weekheader(n)，其中 n 表示英文缩写所占的宽度，返回包含星期，即星期一至星期日的英文缩写。

关键代码段

```
# 星期一至星期日英文缩写【快】
print(calendar.weekheader(5))
print(calendar.weekheader(10))
```

➔ 语法

calendar 模块的 weekheader() 方法用于返回包含星期，即星期一至星期日的英文缩写。语法如下：

```
calendar.weekheader(n)
```

参数说明：

❖ n：表示星期英文缩写所占的宽度。

❖ 返回值：返回包含星期，即星期一至星期日的英文缩写。

➔ 应用

快学快用　获取星期的英文缩写

使用 weekheader() 方法获取星期一至星期日的英文缩写。代码如下：

```
import calendar   # 导入日历模块
print('星期一至星期日英文缩写如下：')
print(calendar.weekheader(2))
print(calendar.weekheader(5))
print(calendar.weekheader(10))
```

输出结果为：

```
星期一至星期日英文缩写如下：
Mo Tu We Th Fr Sa Su
 Mon   Tue   Wed   Thu   Fri   Sat   Sun 
  Monday    Tuesday   Wednesday   Thursday    Friday    Saturday     Sunday  
```

默认用一个空格分隔

宽度为 5，首尾各一个空格

第14章 返回日期迭代器

14.1 itermonthdates() 方法——返回指定月中的日期迭代器

快用标签 itermonthdates() month()

最常用 Calendar 对象名.itermonthdates(year,month)，其中 year 为指定年份；month 为指定月份。返回指定年份和月份的日期迭代器，其中包含指定月份开始的那一周与结束的那一周的日期。

关键代码段

```
itermonth= calendar_obj.itermonthdates(2019,8)     # 获取2019年8月份的日期迭代器【快1】
mydate=calendar_obj.itermonthdates(year,month)     # 获取日期迭代器【快2】
```

语法

Calendar 类的 itermonthdates() 方法用于获取指定年份和月份的日期迭代器，其中包含指定月份开始周与结束周的所有日期。语法如下：

```
Calendar对象名.itermonthdates(year,month)
```

参数说明：

- year：指定年份。
- month：指定月份。
- 返回值：返回指定年份和月份的日期迭代器，其中包含指定月份开始周与结束周的所有日期。

应用

快学快用 1 获取指定月份的日期迭代器

在获取指定月份的日期迭代器时，首先应指定年份，然后再指定月份。代码如下：

```
from calendar import Calendar                        # 导入日历模块中的Calendar类
calendar_obj = Calendar()                            # 创建默认的Calendar对象
itermonth= calendar_obj.itermonthdates(2019,8)       # 获取2019年8月份的日期迭代器
```

```
for i in itermonth:                    # 循环遍历迭代器中的日期
    print(i)                           # 打印迭代器中的日期
```

输出结果为：

```
2019-07-29
2019-07-30
2019-07-31
2019-08-01
2019-08-02
…
2019-08-28
2019-08-29
2019-08-30
2019-08-31
2019-09-01
```

说明： 输出结果中，7 月 29 日 ~7 月 31 日为 8 月开始周的前三天，而 9 月 1 日为 8 月结束周的最后一天，8 月份日历详情如图 14.1 所示。

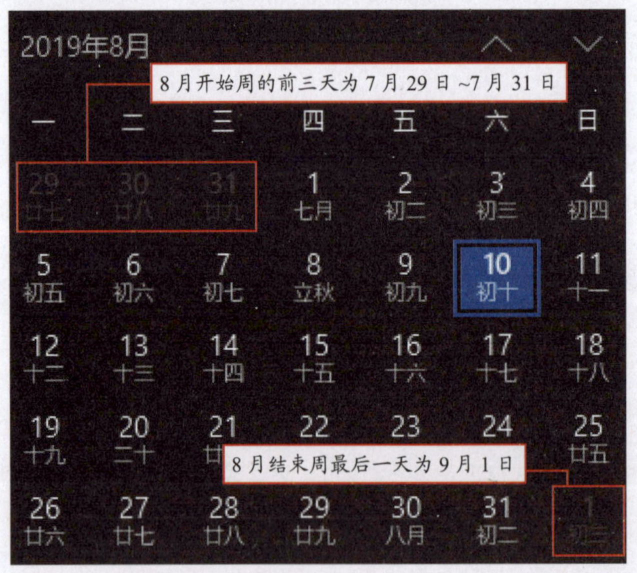

图 14.1 8 月日历详情图

快学快用 2 生成与用户输入年份和月份相符的日期迭代器

根据用户输入的年份和月份生成日期迭代器，其中不包含用户输入月份开始周与结束周的日期。例如，用户输入年份为 2020，月份为 9，则仅生成 9 月份的日期。代码如下：

```
from calendar import Calendar                       # 导入日历模块中的Calendar类
calendar_obj = Calendar()                           # 创建默认的Calendar对象
year=int(input('请输入年份：'))                      # 年份
month=int(input('请输入月份：'))                     # 月份
mydate=calendar_obj.itermonthdates(year,month)      # 获取日期迭代器
for i in mydate:                                    # 循环遍历迭代器中的日期
    if i.month==month:                              # 判断是否为输入的月份
        print(i)                                    # 输出迭代器中的日期
```

输出结果为：

```
请输入年份：2020
请输入月份：9
2020-09-01
2020-09-02
2020-09-03
2020-09-04
2020-09-05
…
2020-09-28
2020-09-29
2020-09-30
```

14.2 itermonthdays() 方法——返回指定月份中日期对应的天数

快用标签 itermonthdays()　remove()　len()　Calendar()

最常用 Calendar 对象名 .itermonthdays(year,month)，其中 year 为指定年份；month 为指定月份。

关键代码段

```
itermonth= calendar_obj.itermonthdays(2019,8)  # 获取2019年8月份日期对应天数的迭代器【快1】
itermonth= list(calendar_obj.itermonthdays(2020,i))  # 获取2020年1~12月日期的迭代器【快2】
itermonth= list(calendar_obj.itermonthdays(i,2)) # 获取2010年~2020年每年2月日期的迭代器【快3】
```

语法

Calendar 类的 itermonthdays() 方法用于获取在指定的年份和月份中日期对应的天数，如果不是指定月份的日期为 0。语法如下：

```
Calendar对象名.itermonthdays(year,month)
```

参数说明：

❖ year：指定年份。

❖ month：指定月份。

❖ 返回值：返回一个迭代器，内容为指定年份和月份中日期对应的天数，如果不是指定月份的日期为 0。

应用

快学快用 1　获取指定月份的日期所对应的天数

在调用 itermonthdays() 方法时与 itermonthdates() 方法类似，需要指定年份与月份，然后通过循环遍历迭代器中的值即可。代码如下：

```python
from calendar import Calendar                        # 导入日历模块中的Calendar类
calendar_obj = Calendar()                            # 创建默认的Calendar对象
itermonth= calendar_obj.itermonthdays(2019,8)        # 获取2019年8月份日期对应天数的迭代器
for i in itermonth:                                  # 循环遍历迭代器中日期对应的天数
    print(i)                                         # 打印迭代器中日期对应的天数
```

输出结果为：

```
0
0
0
1
2
…
30
31
0
```

快学快用 2　计算每个月的天数

使用 itermonthdays() 方法结合循环语句计算 2020 年每个月有多少天。代码如下：

```
from calendar import Calendar                   # 导入日历模块中的Calendar类
calendar_obj = Calendar()                       # 创建默认的Calendar对象
for i in range(1,13,1):                         # 12个月
    # 获取2020年1~12月对应天数的迭代器
    itermonth= list(calendar_obj.itermonthdays(2020,i))
    # 循环删除列表元素中的0
    while 0 in itermonth:
        itermonth.remove(0)
    print(i,'月：',len(itermonth),'天')          # 计算每个月的天数
```

输出结果为：

```
1 月： 31 天
2 月： 29 天
3 月： 31 天
4 月： 30 天
5 月： 31 天
6 月： 30 天
7 月： 31 天
8 月： 31 天
9 月： 30 天
10 月： 31 天
11 月： 30 天
12 月： 31 天
```

快学快用 3　计算每年 2 月份的天数

使用 itermonthdays() 方法结合循环语句计算 2010 年 ~ 2020 年期间每一年的 2 月有多少天。代码如下：

```
from calendar import Calendar                   # 导入日历模块中的Calendar类
calendar_obj = Calendar()                       # 创建默认的Calendar对象
for i in range(2010,2021,1):
    # 获取2010年~2020年每年2月日期对应的迭代器
    itermonth= list(calendar_obj.itermonthdays(i,2))
    # 循环删除列表元素中的0
    while 0 in itermonth:
       itermonth.remove(0)
    print(i,'年2月：',len(itermonth),'天')    # 计算每年2月份的天数
```

输出结果为：

```
2010 年2月:  28 天
2011 年2月:  28 天
2012 年2月:  29 天
2013 年2月:  28 天
2014 年2月:  28 天
2015 年2月:  28 天
2016 年2月:  29 天
2017 年2月:  28 天
2018 年2月:  28 天
2019 年2月:  28 天
2020 年2月:  29 天
```

14.3 itermonthdays4() 方法——返回指定月份的年、月、日、星期的迭代器

快用标签 itermonthdays4()　itermonthdays()　itermonthdays2()　itermonthdays3()　Calendar()

最常用 Calendar 对象名 .itermonthdays4(year,month)，其中 year 为指定年份；month 为指定月份。

关键代码段

```
itermonth= calendar_obj.itermonthdays4(2019,8) # 获取2019年8月份的年、月、日、星期数字【快1】
itermonth= calendar_obj.itermonthdays4(2020,8) # 获取2020年8月的年、月、日、星期数字【快2】
days=0                                # 初始工作日天数
for i in itermonth:                   # 循环遍历迭代器中的年、月、日、星期数字
    if i[1]==8:                       # 仅保留8月份
        if i[3]!=5 and i[3]!=6:       # 除去星期六和星期日
            days=days+1               # 累计求和（8月份的工作日）
itermonth= calendar_obj.itermonthdays(2019,8)          # itermonthdays()方法【快3】
itermonth2 = calendar_obj.itermonthdays2(2019,8)       # itermonthdays2()方法
itermonth3= calendar_obj.itermonthdays3(2019,8)        # itermonthdays3()方法
itermonth4= calendar_obj.itermonthdays4(2019,8)        # itermonthdays4()方法
```

➔ 语法

Calendar 类的 itermonthdays4() 方法用于获取指定年份和月份的日期，即年、月、日、星期的数字

迭代器，其中包含指定月份开始周与结束周的日期，即年、月、日、星期的数字迭代器。语法如下：

```
Calendar对象名.itermonthdays4(year,month)
```

参数说明：

- year：指定年份。
- month：指定月份。
- 返回值：返回一个迭代器，内容为指定年份和月份的日期，即年、月、日和星期的数字所组成的元组，其中包含指定月份开始周与结束周的日期，即年、月、日和星期数字的迭代器。其中星期数字以 0 开始，代表星期一，以此类推。

➔ 应用

快学快用 1　获取指定月份中的年、月、日、星期数字

itermonthdays4() 方法与 itermonthdays3() 方法类似，区别在于返回参数中多了一个星期数字。代码如下：

```
from calendar import Calendar                    # 导入日历模块中的Calendar类
calendar_obj = Calendar()                         # 创建默认的Calendar对象
itermonth= calendar_obj.itermonthdays4(2019,8)    # 获取2019年8月的年、月、日、星期数字
for i in itermonth:                               # 循环遍历迭代器中的年、月、日、星期数字
    print(i)                                      # 打印迭代器中年、月、日、星期数字
```

输出结果为：

```
(2019, 7, 29, 0)
(2019, 7, 30, 1)
(2019, 7, 31, 2)
(2019, 8, 1, 3)
(2019, 8, 2, 4)
…
(2019, 8, 30, 4)
(2019, 8, 31, 5)
(2019, 9, 1, 6)
```

快学快用 2　计算某月有多少个工作日

通过 itermonthdays4() 方法并结合条件判断语句计算 2020 年 8 月有多少个工作日（除去星期六和星期日）。代码如下：

```
from calendar import Calendar                   # 导入日历模块中的Calendar类
calendar_obj = Calendar()                       # 创建默认的Calendar对象
itermonth= calendar_obj.itermonthdays4(2020,8)  # 获取2020年8月的年、月、日、星期数字
days=0                                          # 初始工作日天数
for i in itermonth:                             # 循环遍历迭代器中的年、月、日、星期数字
    if i[1]==8:                                 # 仅保留8月份
        if i[3]!=5 and i[3]!=6:                 # 除去星期六和星期日
            days=days+1                         # 累计求和（8月份的工作日）
print('2020年8月份的工作日是：',days,'天')
```

输出结果为：

```
2020年8月份的工作日是： 21 天
```

快学快用 3 itermonthdays()、itermonthdays2()、itermonthdays3() 和 itermonthdays4() 方法的用法区别

在学习日历模块的 Calendar 类的过程中，会接触到 itermonthdays()、itermonthdays2()、itermonthdays3() 和 itermonthdays4() 这 4 个方法，下面介绍一下它们的区别。

- itermonthdays() 方法：获取指定年份和月份的日期所对应的天数。
- itermonthdays2() 方法：获取指定年份和月份的日期所对应的天数和星期。
- itermonthdays3() 方法：获取指定年份和月份的日期所对应的年、月、日。
- itermonthdays4() 方法：获取指定年份和月份的日期所对应的年、月、日和星期。

例如，2020 年 8 月，通过这 4 种方法将返回不同的结果（由于篇幅有限，仅给出部分结果），如图 14.2、图 14.3、图 14.4 和图 14.5 所示。

```
0
0
0
1
2
3
```

图 14.2 itermonthdays()

```
(0, 0)
(0, 1)
(0, 2)
(1, 3)
(2, 4)
(3, 5)
```

图 14.3 itermonthdays2()

```
(2019, 7, 29)
(2019, 7, 30)
(2019, 7, 31)
(2019, 8, 1)
(2019, 8, 2)
(2019, 8, 3)
```

图 14.4 itermonthdays3()

```
(2019, 7, 29, 0)
(2019, 7, 30, 1)
(2019, 7, 31, 2)
(2019, 8, 1, 3)
(2019, 8, 2, 4)
(2019, 8, 3, 5)
```

图 14.5 itermonthdays4()

程序代码如下：

```
from calendar import Calendar                   # 导入日历模块中的Calendar类
calendar_obj = Calendar()                       # 创建默认的Calendar对象
# itermonthdays()方法
itermonth= calendar_obj.itermonthdays(2019,8)   # 2019年8月的日期迭代器
for i in itermonth:                             # 循环遍历迭代器
    print(i)                                    # 输出日期对应的天数
```

```
# itermonthdays2()方法
itermonth2 = calendar_obj.itermonthdays2(2019,8)        # 2019年8月的日期迭代器
for i2 in itermonth2:                                   # 循环遍历迭代器
    print(i2)                                           # 输出日期对应的天数和星期
# itermonthdays3()方法
itermonth3= calendar_obj.itermonthdays3(2019,8)         # 2019年8月的日期迭代器
for i3 in itermonth3:                                   # 循环遍历迭代器
    print(i3)                                           # 输出日期对应的年、月、日
# itermonthdays4()方法
itermonth4= calendar_obj.itermonthdays4(2019,8)         # 2019年8月的日期迭代器
for i4 in itermonth4:                                   # 循环遍历迭代器
    print(i4)                                           # 输出日期对应的年、月、日和星期
```

14.4 itermonthdays2() 方法——返回某月中日与星期的迭代器

快用标签 itermonthdays2()　　Calendar()

最常用 Calendar 对象名 .itermonthdays2(year,month)，其中 year 为指定年份；month 为指定月份。

```
# 获取2019年8月份日期对应天数与星期的迭代器【快1】
itermonth= calendar_obj.itermonthdays2(2019,8)
# 累加指定月份包含的星期日数【快2】
itermonth= calendar_obj.itermonthdays2(2020,8)
for i in itermonth:                    # 循环遍历迭代器中日期对应的天数与星期
    if i[0]!=0 and i[1]==6:            # 月份不等于0且星期为6(即星期日)
        n=n+1                          # 累计求和
```

➔ 语法

Calendar 类的 itermonthdays2() 方法用于获取指定年份和月份中日期的天数与星期的迭代器，如果不是指定月份的日期为 0。语法如下：

```
Calendar对象名.itermonthdays2(year,month)
```

参数说明：

- ❖ year：指定年份。
- ❖ month：指定月份。
- ❖ 返回值：返回一个迭代器，其内容为指定月份中每天日期对应的天数与星期所组成的元组，并且包含指定月份开始周与结束周的星期（星期数字以 0 开始表示星期一，以此类推），如果不是指定月份的日期为 0。

➔ 应用

快学快用 1　获取指定月份的日期天数与星期

使用 itermonthdays2() 方法获取指定月份的日期天数与对应的星期。代码如下：

```
from calendar import Calendar                        # 导入日历模块中的Calendar类
calendar_obj = Calendar()                            # 创建默认的Calendar对象
itermonth= calendar_obj.itermonthdays2(2019,8)# 获取2019年8月份日期对应天数与星期的迭代器
for i in itermonth:                                  # 循环遍历迭代器中日期对应的天数与星期
    # 打印迭代器中日期对应的天数与星期，其中代表星期的数字0表示星期1，数字6表示星期日
    print(i)
```

输出结果为：

```
(0, 0)
(0, 1)
(0, 2)
(1, 3)
(2, 4)
(3, 5)
(4, 6)
…
(31, 5)
(0, 6)
```

快学快用 2　计算指定月份包含多少个星期日

使用 itermonthdays2() 方法获取指定月份包含多少个星期日。例如，2020 年 8 月包含多少个星期日。代码如下：

```
from calendar import Calendar                        # 导入日历模块中的Calendar类
n=0                                                  # 初始值
calendar_obj = Calendar()                            # 创建默认的Calendar对象
```

```
itermonth= calendar_obj.itermonthdays2(2020,8) # 获取2019年8月份日期对应天数与星期的迭代器
for i in itermonth:                            # 循环遍历迭代器中日期对应的天数与星期
    if i[0]!=0 and i[1]==6:                    # 月份不等于0且星期为6(即星期日)
        n=n+1                                  # 累计求和
        print(i)
print('8月份包含：',n,'个星期日')
```

输出结果为：

```
(2, 6)
(9, 6)
(16, 6)
(23, 6)
(30, 6)
8月份包含： 5 个星期日
```

14.5 itermonthdays3() 方法——返回指定月份对应的日的迭代器

快用标签 itermonthdays3()　Calendar()

最常用 Calendar 对象名 .itermonthdays3(year,month)，其中 year 为指定年份；month 为指定月份。

关键代码段

```
itermonth= calendar_obj.itermonthdays3(2019,8)  # 获取2019年8月份内的年、月、日【快1】
itermonth= calendar_obj.itermonthdays3(2020,8)  # 获取2020年8月份内的年、月、日【快2】
```

➔ 语法

Calendar 类的 itermonthdays3() 方法用于获取指定年份和月份的年、月、日的迭代器，其中包含指定月份开始周与结束周的年、月、日的迭代器。语法如下：

```
Calendar对象名.itermonthdays3(year,month)
```

参数说明：

- year：指定年份。
- month：指定月份。
- 返回值：返回一个迭代器，其内容为指定年份和月份，由年、月、日所组成的元组，其中包含指定月份开始的那一周与结束的那一周的年、月、日的迭代器。

➔ 应用

快学快用 1　获取指定月份中的年、月、日

itermonthdays3() 方法与 itermonthdates() 方法类似，区别在于返回的年、月、日为元组形式。代码如下：

```
from calendar import Calendar                          # 导入日历模块中的Calendar类
calendar_obj = Calendar()                              # 创建默认的Calendar对象
itermonth= calendar_obj.itermonthdays3(2019,8)         # 获取2019年8月份内的年、月、日
for i in itermonth:                                    # 循环遍历迭代器中的年、月、日
    print(i)                                           # 打印迭代器中年、月、日
```

输出结果为：

```
(2019, 7, 29)
(2019, 7, 30)
(2019, 7, 31)
(2019, 8, 1)
(2019, 8, 2)
…
(2019, 8, 30)
(2019, 8, 31)
(2019, 9, 1)
```

快学快用 2　日期格式化

使用 itermonthdays3() 方法返回的年、月、日为元组形式，如 (2020, 8, 1)。将其格式化为“yyyy 年 m 月 d 日”的形式。代码如下：

```
from calendar import Calendar                          # 导入日历模块中的Calendar类
calendar_obj = Calendar()                              # 创建默认的Calendar对象
itermonth= calendar_obj.itermonthdays3(2020,8)         # 获取2020年8月份内的年、月、日
for i in itermonth:                     # 循环遍历迭代器中的年、月、日
    if i[1]==8 and i[2]<5:              # 仅输出月份为8且日小于5的日期，并格式化
        print ('原格式：',i,"格式化后：  %s年%s月%s日" % (i[0], i[1], i[2]))
```

输出结果为：

```
原格式： (2020, 8, 1) 格式化后：  2020年8月1日
原格式： (2020, 8, 2) 格式化后：  2020年8月2日
原格式： (2020, 8, 3) 格式化后：  2020年8月3日
原格式： (2020, 8, 4) 格式化后：  2020年8月4日
```

14.6 iterweekdays() 方法——返回一周数字的迭代器

快用标签 iterweekdays()　Calendar()　list()

最常用 Calendar 对象名 .iterweekdays()，返回一周数字的迭代器。

关键代码段

```
print('返回的迭代器为：',calendar_obj.iterweekdays())  # 打印迭代器对象【快1】
calendar_obj2= Calendar(firstweekday=6)  # 创建Calendar对象并指定firstweekday值为6【快2】
print('将迭代器转换为列表：',list(calendar_obj2.iterweekdays()))
```

➔ 语法

Calendar 类的 iterweekdays() 方法用于获取一周数字的迭代器。语法如下：

```
Calendar对象名.iterweekdays()
```

参数说明：

❖ 返回值：返回一周数字的迭代器，迭代器的第一个值与 firstweekday 参数的值相同。

➔ 应用

快学快用 1　获取一周数字的迭代器

使用 calendar 对象的 iterweekdays() 方法获取一周数字的迭代器。代码如下：

```
from calendar import Calendar                          # 导入日历模块中的Calendar类
calendar_obj = Calendar()                              # 创建默认的Calendar对象
print('返回的迭代器为：',calendar_obj.iterweekdays())   # 打印迭代器对象
# 将返回的迭代器转换为列表，其中的值表示星期一至星期日，0为星期一，一周的第一天
print('将迭代器转换为列表：',list(calendar_obj.iterweekdays()))
```

输出结果为：

```
返回的迭代器为： <generator object Calendar.iterweekdays at 0x000001B42A014390>
将迭代器转换为列表： [0, 1, 2, 3, 4, 5, 6]
```

快学快用 2　获取设置 firstweekday 参数后一周数字的迭代器

在创建 calendar 对象时，如果设置了 firstweekday 参数，那么该参数所对应的值也就是一周数字迭代器中的第一个元素。代码如下：

```
from calendar import Calendar                              # 导入日历模块中的Calendar类
calendar_obj2= Calendar(firstweekday=6)                    # 创建Calendar对象并指定firstweekday值为6
print('将迭代器转换为列表：',list(calendar_obj2.iterweekdays()))
```

输出结果为：

```
将迭代器转换为列表： [6, 0, 1, 2, 3, 4, 5]
```

第15章 返回日期列表

15.1 monthcalendar() 方法——获取指定年月的信息列表

快用标签 monthcalendar()

最常用 Calendar.monthcalendar(year,month)，其中，year 为年份；month 为月份。用于获取指定年月的信息列表。

```
calendar.monthcalendar(2019,5)          # 获取2019年5月份的信息列表【快1】
calendar.monthcalendar(year, 11)        # 获取输入年份11月份的信息列表【快2】
```

➔ 语法

calendar 模块中的 monthcalendar() 方法用于获取指定年月的信息列表，语法如下：

```
Calendar.monthcalendar(year,month)
```

参数说明：

- year：指定年份。
- month：指定月份。
- 返回值：返回一个列表，列表内的元素还是列表。每个子列表代表一个星期，列表内包含星期一到星期日的 7 个元素，如果没有本月的日期，则用 0 补充。

➔ 应用

快学快用 1 获取指定年月的信息列表

获取 2019 年 5 月份的信息列表，代码如下：

```
import calendar                                 # 导入日历模块
print(calendar.monthcalendar(2019,5))           # 获取2019年5月份的信息列表
```

输出结果为：

```
[[0, 0, 1, 2, 3, 4, 5], [6, 7, 8, 9, 10, 11, 12], [13, 14, 15, 16, 17, 18, 19], [20, 21,
22, 23, 24, 25, 26], [27, 28, 29, 30, 31, 0, 0]]
```

快学快用 2　获取指定年月的感恩节日期

美国每年 11 月份的第 4 个星期四被定为感恩节。注意这里是第 4 个星期四，而不是第 4 周的星期四。例如，2020 年的感恩节日期如图 15.1 所示。

图 15.1　2020 年美国感恩节的日期

通过一个程序实现计算输入年份的感恩节日期。代码如下：

```
import calendar
year = int(input('请输入年份，如2020:'))
month = calendar.monthcalendar(year, 11)
# 判断第1周是否有星期四
if month[0][3]:                # 如果第1周有星期四，从第1周开始计算
    day = month[3][3]
else:                          # 如果第1周没有星期四，从第2周开始计算
    day = month[4][3]
# 输出感恩节日期
date = f'{year}-11-{day}'
print(f'{year}年的感恩节是{date}')
```

输出结果为：

```
请输入年份，如2020:2020
2020年的感恩节是2020-11-26
请输入年份，如2020:2013
2013年的感恩节是2013-11-28
```

15.2 monthdatescalendar() 方法——返回指定年、月的周列表

快用标签 monthdatescalendar() Calendar()

最常用 Calendar.monthcalendar(year,month)，其中，year 为年份；month 为月份。用于获取指定年、月的周列表。

关键代码段

```
calendar_obj.monthdatescalendar(2019,8)  # 获取2019年8月份内的周列表，该列表为二维列表【快1】
mycal.monthdatescalendar(year, month)# 获取指定年份指定月份内的周列表，该列表为二维列表【快2】
mdc = c.monthdatescalendar(expiry.year, expiry.month)  #【快3】
```

➔ 语法

Calendar 类中的 monthdatescalendar() 方法用于获取指定年、月的周列表，该列表为二维列表。语法如下：

```
Calendar对象名.monthdatescalendar(year,month)
```

参数说明：

- year：指定的年份。
- month：指定的月份。
- 返回值：返回一个二维列表，其内容为指定月份内的日期列表，包括当前月份开始周与结束周的日期信息。

➔ 应用

快学快用 1 获取指定月份中的日期列表

使用 monthdatescalendar() 方法获取 2019 年 8 月份的周列表。代码如下：

```
from calendar import Calendar              # 导入日历模块中的Calendar类
calendar_obj = Calendar()                  # 创建默认的Calendar对象
# 获取2019年8月份内的周列表，该列表为二维列表
week_list= calendar_obj.monthdatescalendar(2019,8)
for i in week_list:                        # 循环遍历列表中的周列表
    print(i)                               # 打印周列表
```

输出结果如图 15.2 所示。

```
[datetime.date(2019, 7, 29), datetime.date(2019, 7, 30), datetime.date(2019, 7, 31), datetime.date(2019, 8, 1), datetime.date(2019, 8, 2), datetime.date(2019, 8, 3), datetime.date(2019, 8, 4)]
[datetime.date(2019, 8, 5), datetime.date(2019, 8, 6), datetime.date(2019, 8, 7), datetime.date(2019, 8, 8), datetime.date(2019, 8, 9), datetime.date(2019, 8, 10), datetime.date(2019, 8, 11)]
[datetime.date(2019, 8, 12), datetime.date(2019, 8, 13), datetime.date(2019, 8, 14), datetime.date(2019, 8, 15), datetime.date(2019, 8, 16), datetime.date(2019, 8, 17), datetime.date(2019, 8, 18)]
[datetime.date(2019, 8, 19), datetime.date(2019, 8, 20), datetime.date(2019, 8, 21), datetime.date(2019, 8, 22), datetime.date(2019, 8, 23), datetime.date(2019, 8, 24), datetime.date(2019, 8, 25)]
[datetime.date(2019, 8, 26), datetime.date(2019, 8, 27), datetime.date(2019, 8, 28), datetime.date(2019, 8, 29), datetime.date(2019, 8, 30), datetime.date(2019, 8, 31), datetime.date(2019, 9, 1)]
```

图 15.2 打印的周列表

快学快用 2 获取指定年份的美国劳动节日期

中国的劳动节是每年的 5 月 1 日，而美国的劳动节规定在每年 9 月的第 1 个星期一。例如 2020 年美国劳动节如图 15.3 所示。

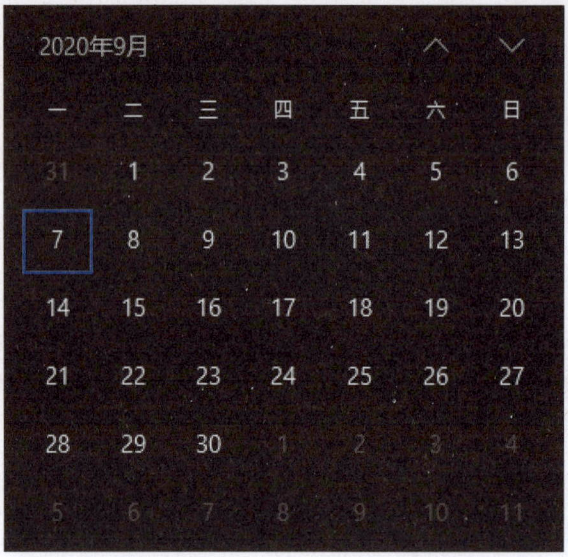

图 15.3 2020 年美国劳动节日期

使用 monthdatescalendar() 方法获取输入年份的劳动节日期。代码如下：

```python
import calendar
def getLaborDay(year):
    month = 9
    # 获取Calendar实例化对象
    mycal = calendar.Calendar()
    # 调用monthdatescalendar()方法，获取指定月份的日期列表
    cal = mycal.monthdatescalendar(year, month)
    # 判断第1个星期一是否在本月，如果是则获取第1个列表的第1个元素；否则，获取第2个列表的第1个元素
    if cal[0][0].month == month:
        return cal[0][0]
    else:
        return cal[1][0]
print(getLaborDay(2020))
```

输出结果为：

```
2020-09-07
```

快学快用 3 如果截止日期为星期日，则推迟到下个星期一

在制订项目截止日期时，如果截止日期为星期日，则推迟到下个星期一。以 2020 年 5 月份为例，如图 15.4 所示。如果截止日期为 2020 年 5 月 3 日，因为当天为星期日，所以，最终的截止日期为 2020 年 5 月 4 日。如果，截止日期为 2020 年 5 月 5 日，那么最终的截取日期为 2020 年 5 月 5 日。

图 15.4 2020 年 5 月份日历

使用 monthdayscalendar() 方法来现实该功能，代码如下：

```
from calendar import Calendar
from datetime import datetime,timedelta
def m_to_expiry(m_expiry):
    c = Calendar()  # 获取Calendar实例化对象
    # 将字符串转化为日期格式
    expiry = datetime.strptime(m_expiry, '%Y%m%d')
    # 获取月份中的日期天数
    mdc = c.monthdatescalendar(expiry.year, expiry.month)
    # 获取本月的所有星期五的日期
    sunday = [x[6] for x in mdc if x[6].month == expiry.month]
    # 如果输入日期为星期日，则推迟1天
    if expiry.date() in sunday:
        expiry += timedelta(days=1)
    # 返回推迟后的日期
    return expiry.strftime('%Y-%m-%d')
```

```
if __name__ == "__main__":
    date   = input('请输入截止日期，例如20200520:')
    expiry_date = m_to_expiry(date)
    print(f'截止日期为{expiry_date}')
```

输出结果为：

```
请输入截止日期，例如20200520:20200503
截止日期为2020-05-04
请输入截止日期，例如20200520:20200505
截止日期为2020-05-05
```

15.3 monthdays2calendar() 方法——返回指定月份中日期对应的天数与星期数字所组成的列表

快用标签 monthdays2　calendar()

最常用 Calendar.monthdays2calendar(year,month)，其中，year 为年份；month 为月份。用于获取指定月份中日期对应的天数与星期数字所组成的列表。

关键代码段

```
# 获取2019年8月份日期天数与对应的星期数字，该列表为二维列表【快1】
calendar_obj.monthdays2calendar(2019,8)
# 获取指定年份和月份日期天数与对应的星期数字，该列表为二维列表【快2】
cal.monthdays2calendar(year, month)
```

➔ 语法

Calendar 类中的 monthdays2calendar() 方法用于获取指定月份中日期对应的天数与星期数字（不是当前月份的天数为 0）所组成的列表，该列表为二维列表。语法如下：

```
Calendar对象名.monthdays2calendar(year,month)
```

参数说明：

- year：指定的年份。
- month：指定的月份。
- 返回值：返回一个二维列表，其内容为指定月份中日期对应的天数与星期数字（不是当前月份的天数为 0）所组成的列表（以周进行划分），包括当前月份开始周与结束周的日期信息。

➔ 应用

快学快用 1 获取指定月份中的日期天数与对应的星期数字列表

使用 monthdays2calendar() 方法获取 2019 年 8 月份的日期天数与对应的星期数字列表。代码如下：

```
from calendar import Calendar                # 导入日历模块中的Calendar类
calendar_obj = Calendar()                    # 创建默认的Calendar对象
# 获取2019年8月份日期天数与对应的星期数字，该列表为二维列表
week_list= calendar_obj.monthdays2calendar(2019,8)
for i in week_list:                          # 循环遍历列表中的日期天数与对应的星期数字
    print(i)                                 # 打印日期天数与对应的星期数字
```

输出结果为：

```
[(0, 0), (0, 1), (0, 2), (1, 3), (2, 4), (3, 5), (4, 6)]
[(5, 0), (6, 1), (7, 2), (8, 3), (9, 4), (10, 5), (11, 6)]
[(12, 0), (13, 1), (14, 2), (15, 3), (16, 4), (17, 5), (18, 6)]
[(19, 0), (20, 1), (21, 2), (22, 3), (23, 4), (24, 5), (25, 6)]
[(26, 0), (27, 1), (28, 2), (29, 3), (30, 4), (31, 5), (0, 6)]
```

快学快用 2 获取当前日期所在一周的日期信息

使用 monthdays2calendar() 方法获取当前日期所在一周的日期信息。代码如下：

```
from calendar import Calendar

def get_week_wireframe(year, month, day):
    """
    获取当前日期所在一周的日期信息
    :param year: 年
    :param month: 月
    :param day: 日
    :return: 返回字典类型数据，包括当前一周、年、月、日信息
    """
    year, month, day = int(year), int(month), int(day)      # 将年月日转化为整数格式
    cal = Calendar()                                        # 获取Calendar实例对象
    # 调用monthdays2calendar()方法获取指定月份中日期和天数的二维列表
    monthly_days = cal.monthdays2calendar(year, month)
    current_week = None
    for week in monthly_days:                               # 遍历日期和天数列表
```

```python
        # 获取当前日期所在的一周数据
        if [i for i, v in enumerate(week) if v[0] == day]:
            current_week = week
    # 返回字典格式数据
    return {"week": current_week, "year": year, "month": MONTHS[month], "today": day}

if __name__ == "__main__":
    MONTHS = [i for i in range(0, 12)]  # 1月到12月列表
    print(get_week_wireframe(2020,5,20))
```

输出结果为：

```
{'week': [(18, 0), (19, 1), (20, 2), (21, 3), (22, 4), (23, 5), (24, 6)], 'year': 2020,
'month': 5, 'today': 20}
```

15.4 monthdayscalendar() 方法——返回指定月份中日期天数所组成的列表

快用标签 monthdayscalendar()　datetime.strptime()　Calendar()

最常用 Calendar.monthdayscalendar(year,month)，其中，year 为年份；month 为月份。用于获取指定月份中日期天数所组成的列表。

```python
# 获取2019年8月份日期天数，该列表为二维列表【快1】
calendar_obj.monthdayscalendar(2019,8)
# 获取指定年份和月份的日期天数，该列表为二维列表【快2】
cal.monthdatescalendar(today.year, today.month)
```

➔ 语法

Calendar 类中的 monthdayscalendar() 方法用于获取指定月份中日期天数（不是当前月份的天数为 0）所组成的列表，该列表为二维列表。语法如下：

```
Calendar对象名.monthdayscalendar(year,month)
```

参数说明：

- year：指定的年份。
- month：指定的月份。

❖ 返回值：返回一个二维列表，其内容为指定月份中日期天数（不是当前月份的天数为 0）所组成的列表（以周进行划分），包括当前月份开始周与结束周的日期信息。

➔ 应用

快学快用 1　获取指定月份中日期天数

使用 monthdayscalendar() 方法获取指定月份中的日期天数。代码如下：

```
from calendar import Calendar                # 导入日历模块中的Calendar类
calendar_obj = Calendar()                    # 创建默认的Calendar对象
# 获取2019年8月份日期天数，该列表为二维列表
days_list= calendar_obj.monthdayscalendar(2019,8)
for i in days_list:                          # 循环遍历列表中的日期天数
    print(i)                                 # 打印日期天数
```

输出结果为：

```
[0, 0, 0, 1, 2, 3, 4]
[5, 6, 7, 8, 9, 10, 11]
[12, 13, 14, 15, 16, 17, 18]
[19, 20, 21, 22, 23, 24, 25]
[26, 27, 28, 29, 30, 31, 0]
```

快学快用 2　获取 2 月份有多少天

在一年的 12 个月份中，只有 2 月份的天数是不确定的。如果是闰年，2 月份有 29 天；否则 2 月份有 28 天。使用 monthdayscalendar() 方法获取指定年份 2 月份中总天数。代码如下：

```
from calendar import Calendar                # 导入日历模块中的Calendar类

def get_feb_days(year):
    calendar_obj = Calendar()                # 创建默认的Calendar对象
    # 获取日期和天数的二维列表
    days_list= calendar_obj.monthdayscalendar(year,2)
    return max(days_list[-1])

if __name__ == "__main__":
    year = int(input('请输入年份:'))
    days = get_feb_days(year)
    print(f'{year}年2月份共有{days}天')
```

输出结果为：

```
请输入年份:2020
2020年2月份共有29天
请输入年份:2019
2019年2月份共有28天
```

快学快用 3　获取今天所在本周的日期信息

使用 monthdayscalendar() 方法获取今天所在本周的信息。代码如下：

```python
from calendar import Calendar
from datetime import date

def week_calendar():
    cal = Calendar()  # 获取Calendar实例对象
    # 日期增加指定天数
    today = date.today()
    # 获取指定年月的周列表
    weeks = cal.monthdatescalendar(today.year, today.month)
    current_week = []
    # 遍历一年内的周列表
    for week in weeks:
        # 获取本周数据
        if week[0] <= today <= week[6]:
            current_week = week
            break
    # 返回一周数据
    return current_week

if __name__ == "__main__":
    print(week_calendar())
```

输出结果为：

```
[datetime.date(2020, 5, 18), datetime.date(2020, 5, 19), datetime.date(2020, 5, 20),
datetime.date(2020, 5, 21), datetime.date(2020, 5, 22), datetime.date(2020, 5, 23),
datetime.date(2020, 5, 24)]
```

15.5 yeardatescalendar() 方法——返回指定年份中所有日期所组成的列表

快用标签　yeardatescalendar()　Calendar()

最常用 Calendar.yeardatescalendar(year,width)，其中，year 为年份；width 为将 12 个月进行划分。用于获取指定年份中所有日期组成的列表。

```
calendar_obj.yeardatescalendar(2019,1)      # 获取2019年每个月所有日期，该列表为四维列表【快】
```

➔ 语法

Calendar 类中的 yeardatescalendar() 方法用于获取指定年份中所有日期所组成的列表，该列表为四维列表。语法如下：

```
Calendar对象名.yeardatescalendar(year,width=3)
```

参数说明：

- year：指定的年份。
- width：默认值为 3，表示将一年中的 12 个月进行划分，每 width（默认 3）个月为一份，每份中包含对应的月份，每个月中包含对应的周，每周包含对应的 1~7 天（每一天为 datetime.date 对象）。
- 返回值：返回一个四维列表，其内容为指定年份中所有日期所组成的列表，包括月份开始周与结束周的日期信息。

➔ 应用

快学快用 获取指定年份中每月的日期列表

使用 yeardatescalendar() 方法获取 2019 年中每个月的日期列表。代码如下：

```
from calendar import Calendar                  # 导入日历模块中的Calendar类
calendar_obj = Calendar()                      # 创建默认的Calendar对象
# 获取2019年每个月所有日期，该列表为四维列表
dates_list= calendar_obj.yeardatescalendar(2019,1)
for i in dates_list:                           # 循环遍历列表中的日期
    print(i)                                   # 打印一年中每月的日期列表
```

输出结果为：

```
[[[datetime.date(2018, 12, 31), datetime.date(2019, 1, 1), datetime.date(2019, 1, 2),…]]]
[[[datetime.date(2019, 1, 28), datetime.date(2019, 1, 29), datetime.date(2019, 1, 30),…]]]
[[[datetime.date(2019, 2, 25), datetime.date(2019, 2, 26), datetime.date(2019, 2, 27),…]]]
[[[datetime.date(2019, 4, 1), datetime.date(2019, 4, 2), datetime.date(2019, 4, 3),…]]]
[[[datetime.date(2019, 4, 29), datetime.date(2019, 4, 30), datetime.date(2019, 5, 1),…]]]
[[[datetime.date(2019, 5, 27), datetime.date(2019, 5, 28), datetime.date(2019, 5, 29),…]]]
```

```
[[[datetime.date(2019, 7, 1), datetime.date(2019, 7, 2), datetime.date(2019, 7, 3),…]]]
[[[datetime.date(2019, 7, 29), datetime.date(2019, 7, 30), datetime.date(2019, 7, 31),…]]]
[[[datetime.date(2019, 8, 26), datetime.date(2019, 8, 27), datetime.date(2019, 8, 28),…]]]
[[[datetime.date(2019, 9, 30), datetime.date(2019, 10, 1), datetime.date(2019, 10, 2),…]]]
[[[datetime.date(2019, 10, 28), datetime.date(2019, 10, 29), datetime.date(2019, 10, 30),…]]]
[[[datetime.date(2019, 11, 25), datetime.date(2019, 11, 26), datetime.date(2019, 11, 27),…]]]
```

说明： 以上运行结果为省略的运行结果，其中...为省略部分。其中 datetime.date(2018, 12, 31) 日期信息为 1 月份开始那周的日期。

15.6 yeardays2calendar() 方法——返回指定年份中日期天数与星期数字组成的元组所组成的列表

快用标签 yeardays2calendar() Calendar()

最常用 Calendar.yeardays2calendar(year,width)，其中，year 为年份；width 为将 12 个月进行划分。用于获取指定年份中日期天数与星期数字组成的元组所组成的列表。

```
calendar_obj.yeardays2calendar(2019,1) # 获取2019年每个月的日期天数与星期数字，该列表为四维列表【快】
```

➔ 语法

Calendar 类中的 yeardays2calendar() 方法用于获取指定年份中日期天数与星期数字组成的元组所组成的列表，该列表为四维列表。语法如下：

```
Calendar对象名.yeardays2calendar(year,width=3)
```

参数说明：

- year：指定的年份。
- width：默认值为 3，表示将一年中的 12 个月进行划分，每 width（默认 3）个月为一份，每份中包含对应的月份，每个月中包含对应的周，每周包含对应的日期天数与星期数字组成的元组。
- 返回值：返回一个四维列表，其内容为指定年份中日期天数与星期数字组成的元组所组成的列表，包括月份开始那周与结束那周的日期天数与星期数字。

➔ 应用

快学快用 获取指定年份中每月的日期天数和星期数字

使用 yeardays2calendar() 方法获取 2019 年每月的日期天数和星期数字。代码如下：

```
from calendar import Calendar            # 导入日历模块中的Calendar类
calendar_obj = Calendar()                # 创建默认的Calendar对象
# 获取2019年每个月的日期天数与星期数字，该列表为四维列表
dates_week_list= calendar_obj.yeardays2calendar(2019,1)
for i in dates_week_list:                # 循环遍历列表中的日期天数与星期数字
    print(i)                             # 打印一年中每月的日期天数与星期数字的列表
```

输出结果为：

```
[[[(0, 0), (1, 1), (2, 2), (3, 3), (4, 4), (5, 5), (6, 6)],…]]
[[[(0, 0), (0, 1), (0, 2), (0, 3), (1, 4), (2, 5), (3, 6)],…]]
[[[(0, 0), (0, 1), (0, 2), (0, 3), (1, 4), (2, 5), (3, 6)],…]]
[[[(1, 0), (2, 1), (3, 2), (4, 3), (5, 4), (6, 5), (7, 6)],…]]
[[[(0, 0), (0, 1), (1, 2), (2, 3), (3, 4), (4, 5), (5, 6)],…]]
[[[(0, 0), (0, 1), (0, 2), (0, 3), (0, 4), (1, 5), (2, 6)],…]]
[[[(1, 0), (2, 1), (3, 2), (4, 3), (5, 4), (6, 5), (7, 6)],…]]
[[[(0, 0), (0, 1), (0, 2), (1, 3), (2, 4), (3, 5), (4, 6)],…]]
[[[(0, 0), (0, 1), (0, 2), (0, 3), (0, 4), (0, 5), (1, 6)],…]]
[[[(0, 0), (1, 1), (2, 2), (3, 3), (4, 4), (5, 5), (6, 6)],…]]
[[[(0, 0), (0, 1), (0, 2), (0, 3), (1, 4), (2, 5), (3, 6)],…]]
[[[(0, 0), (0, 1), (0, 2), (0, 3), (0, 4), (0, 5), (1, 6)],…]]
```

15.7 yeardayscalendar() 方法——返回指定年份中每个月日期天数所组成的列表

快用标签 yeardayscalendar() Calendar()

最常用 Calendar.yeardayscalendar(year,width)，其中，year 为年份；width 为将 12 个月进行划分。用于获取指定年份中每个月日期天数所组成的列表。

```
calendar_obj.yeardayscalendar(2019,1)  #【快】
```

➔ 语法

Calendar 类中的 yeardayscalendar() 方法用于获取指定年份中每个月日期天数所组成的列表，该列表为四维列表。语法如下：

```
Calendar对象名.yeardayscalendar(year,width=3)
```

参数说明：

❖ year： 指定的年份。

❖ width： 默认值为 3，表示将一年中的 12 个月进行划分，每 width（默认 3）个月为一份，每份中包含对应的月份，每个月中包含对应的周，每周包含对应的日期天数（不是当前月份的天数为 0）。

❖ 返回值：返回一个四维列表，其内容为指定年份中每个月的日期天数所组成的列表，包括月份开始周与结束周的日期天数。

➔ 应用

快学快用 获取指定年份中每月的日期天数

使用 yeardayscalendar() 方法获取 2019 年每个月的日期天数。代码如下：

```
from calendar import Calendar                       # 导入日历模块中的Calendar类
calendar_obj = Calendar()                           # 创建默认的Calendar对象
# 获取2019年每个月的日期天数，该列表为四维列表
days_list= calendar_obj.yeardayscalendar(2019,1)
for i in days_list:                                 # 循环遍历列表中的日期天数
    print(i)                                        # 打印一年中每个月的日期天数列表
```

输出结果为：

```
[[[0, 1, 2, 3, 4, 5, 6], [7, 8, 9, 10, 11, 12, 13],…]]
[[[0, 0, 0, 0, 1, 2, 3], [4, 5, 6, 7, 8, 9, 10],…]]
[[[0, 0, 0, 0, 1, 2, 3], [4, 5, 6, 7, 8, 9, 10],…]]
[[[1, 2, 3, 4, 5, 6, 7], [8, 9, 10, 11, 12, 13, 14],…]]
[[[0, 0, 1, 2, 3, 4, 5], [6, 7, 8, 9, 10, 11, 12],…]]
[[[0, 0, 0, 0, 0, 1, 2], [3, 4, 5, 6, 7, 8, 9],…]]
[[[1, 2, 3, 4, 5, 6, 7], [8, 9, 10, 11, 12, 13, 14],…]]
[[[0, 0, 0, 1, 2, 3, 4], [5, 6, 7, 8, 9, 10, 11],…]]
[[[0, 0, 0, 0, 0, 0, 1], [2, 3, 4, 5, 6, 7, 8],…]]
[[[0, 1, 2, 3, 4, 5, 6], [7, 8, 9, 10, 11, 12, 13],…]]
[[[0, 0, 0, 0, 1, 2, 3], [4, 5, 6, 7, 8, 9, 10],…]]
[[[0, 0, 0, 0, 0, 0, 1], [2, 3, 4, 5, 6, 7, 8],…]]
```

第16章 获取或显示日历

16.1 HTMLCalendar 类

快用标签 HTMLCalendar()　　formatmonth()

最常用 Calendar.HTMLCalendar(firstweekday)，其中，firstweekday 为一周的第一天为星期几，默认 0 为星期一，6 为星期日。用于获取一个 HMTL 格式的日期。

关键代码段

```
HTMLCalendar(firstweekday=6)                  # 创建一周第一天为星期日的HTMLCalendar对象【快】
```

➔ 语法

HTMLCalendar 类用于创建 HTML 日历。语法如下：

```
Calendar.HTMLCalendar(firstweekday = 0)
```

参数说明：

❖ firstweekday：表示一周的第一天为星期几，默认 0 为星期一，6 为星期日。

➔ 应用

快学快用　获取一周第一天为星期日的 HTML 日历代码

创建一个一周第一天为星期的 HTMLCalendar 对象，然后通过 formatmonth() 方法获取 2020 年 5 月日历的 HTML 表格的代码。代码如下：

```
from calendar import HTMLCalendar          # 导入日历模块中的HTMLCalendar类
# 创建一周第一天为星期日的HTMLCalendar对象
htmlcalendar_object = HTMLCalendar(firstweekday=6)
# 打印2020年5月日历HTML表格代码，该日历一周的第一天为星期日
print(htmlcalendar_object.formatmonth(2020,5))
```

输出结果如图 16.1 所示。

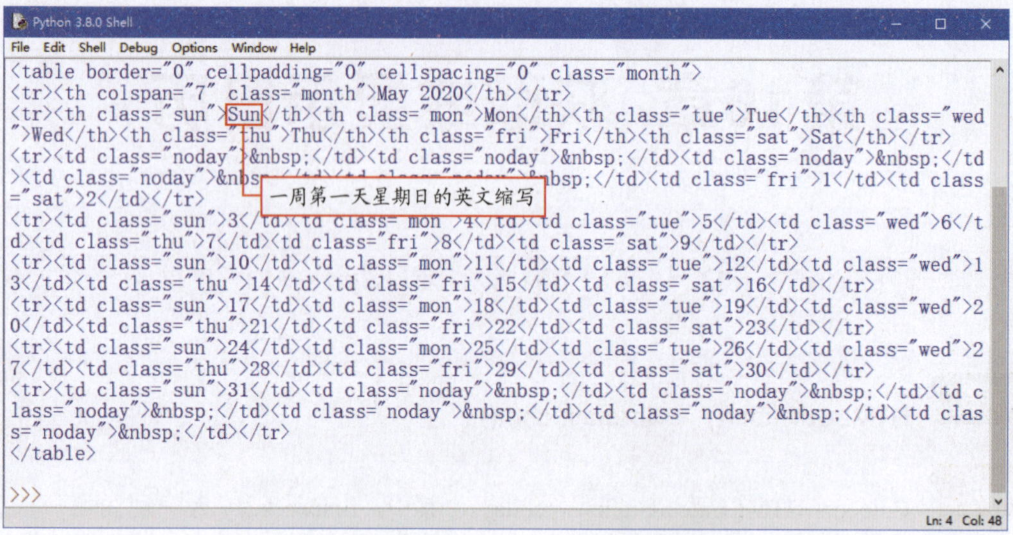

```
<table border="0" cellpadding="0" cellspacing="0" class="month">
<tr><th colspan="7" class="month">May 2020</th></tr>
<tr><th class="sun">Sun</th><th class="mon">Mon</th><th class="tue">Tue</th><th class="wed
">Wed</th><th class="thu">Thu</th><th class="fri">Fri</th><th class="sat">Sat</th></tr>
<tr><td class="noday"> </td><td class="noday"> </td><td class="noday"> </td
><td class="noday"> </td><td class="noday"> </td><td class="fri">1</td><td class
="sat">2</td></tr>
<tr><td class="sun">3</td><td class="mon">4</td><td class="tue">5</td><td class="wed">6</t
d><td class="thu">7</td><td class="fri">8</td><td class="sat">9</td></tr>
<tr><td class="sun">10</td><td class="mon">11</td><td class="tue">12</td><td class="wed">1
3</td><td class="thu">14</td><td class="fri">15</td><td class="sat">16</td></tr>
<tr><td class="sun">17</td><td class="mon">18</td><td class="tue">19</td><td class="wed">2
0</td><td class="thu">21</td><td class="fri">22</td><td class="sat">23</td></tr>
<tr><td class="sun">24</td><td class="mon">25</td><td class="tue">26</td><td class="wed">2
7</td><td class="thu">28</td><td class="fri">29</td><td class="sat">30</td></tr>
<tr><td class="sun">31</td><td class="noday"> </td><td class="noday"> </td><td c
lass="noday"> </td><td class="noday"> </td><td class="noday"> </td><td clas
s="noday"> </td></tr>
</table>

>>>
```


图 16.1 2020 年 5 月日历一周第一天为星期日的 HTML 代码

在默认的情况下日历中一周第一天为星期一，其 HTML 代码如图 16.2 所示。

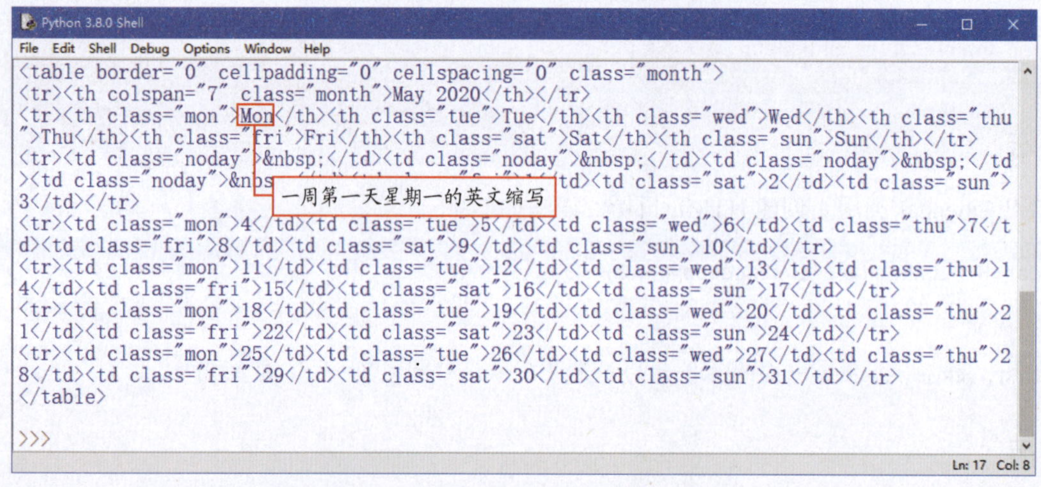

```
<table border="0" cellpadding="0" cellspacing="0" class="month">
<tr><th colspan="7" class="month">May 2020</th></tr>
<tr><th class="mon">Mon</th><th class="tue">Tue</th><th class="wed">Wed</th><th class="thu
">Thu</th><th class="fri">Fri</th><th class="sat">Sat</th><th class="sun">Sun</th></tr>
<tr><td class="noday"> </td><td class="noday"> </td><td class="noday"> </td
><td class="noday"> </td><td class="fri">1</td><td class="sat">2</td><td class="sun">
3</td></tr>
<tr><td class="mon">4</td><td class="tue">5</td><td class="wed">6</td><td class="thu">7</t
d><td class="fri">8</td><td class="sat">9</td><td class="sun">10</td></tr>
<tr><td class="mon">11</td><td class="tue">12</td><td class="wed">13</td><td class="thu">1
4</td><td class="fri">15</td><td class="sat">16</td><td class="sun">17</td></tr>
<tr><td class="mon">18</td><td class="tue">19</td><td class="wed">20</td><td class="thu">2
1</td><td class="fri">22</td><td class="sat">23</td><td class="sun">24</td></tr>
<tr><td class="mon">25</td><td class="tue">26</td><td class="wed">27</td><td class="thu">2
8</td><td class="fri">29</td><td class="sat">30</td><td class="sun">31</td></tr>
</table>

>>>
```


图 16.2 2020 年 5 月日历一周第一天为星期一的 HTML 代码

16.2 TextCalendar 类

快用标签 TextCalendar() prmonth()

最常用 Calendar.TextCalendar(firstweekday)，其中，firstweekday 为一周的第一天为星期几，默认 0 为星期一，6 为星期日。用于创建纯文本的日历。

```
textcalendar_object = TextCalendar()              # 创建TextCalendar对象【快】
```

➔ 语法

TextCalendar 类用于创建纯文本的日历。语法如下：

```
Calendar.TextCalendar (firstweekday = 0 )
```

参数说明：

❖ firstweekday：表示一周的第一天为星期几，默认 0 为星期一，6 为星期日。

➔ 应用

快学快用 打印指定格式的月份日历

使用 TextCalendar 类打印 2020 年 5 月份指定格式的日历，代码如下：

```
from calendar import TextCalendar                # 导入日历模块中TextCalendar类
textcalendar_object = TextCalendar()             # 创建TextCalendar对象
textcalendar_object.prmonth(2020,5,10,2)         # 打印2020年5月份指定格式的日历
```

输出结果如图 16.3 所示。

May 2020

Monday	Tuesday	Wednesday	Thursday	Friday	Saturday	Sunday
				1	2	3
4	5	6	7	8	9	10
11	12	13	14	15	16	17
18	19	20	21	22	23	24
25	26	27	28	29	30	31

图 16.3 2020 年 5 月份指定格式的日历

16.3 calendar() 方法——获取指定年份的日历

快用标签 calendar() write()

最常用 Calendar.calendar(year,w=2)，其中，year 为指定年份；w 为每日之间的宽度间隔，默认为最小宽度 2。用于获取指定年份的日历。

关键代码段

```
print(calendar.calendar(2019,w=2,l=1,c=8,m=6))                # 获取2019年日历【快1】
```

➔ 语法

calendar 模块中的 calendar() 方法用于获取指定年份的日历，语法如下：

```
Calendar.calendar(2019,w=2,l=1,c=8,m=6)
```

参数说明：

- ❖ year： 指定年份。
- ❖ w： 表示每日之间的宽度间隔，默认为 2，最小宽度为 2。
- ❖ l： 表示日期之间的行高度，默认为 1，至少占 1 行的高度。
- ❖ c： 表示月份之间的间隔宽度，默认为 6，最小宽度为 2。
- ❖ m： 表示一行显示几个月。
- ❖ 返回值：以多行字符串格式返回指定年份的日历。

➔ 应用

快学快用 1　获取指定年份的日历

使用 calendar() 方法获 2019 年的日历，代码如下：

```
import calendar                                               # 导入日历模块
print(calendar.calendar(2019,w=2,l=1,c=8,m=6))                # 获取2019年日历
```

输出结果如图 16.4 所示。

```
      January                   February                     March                       April                        May                         June
Mo Tu We Th Fr Sa Su        Mo Tu We Th Fr Sa Su        Mo Tu We Th Fr Sa Su        Mo Tu We Th Fr Sa Su        Mo Tu We Th Fr Sa Su        Mo Tu We Th Fr Sa Su
    1  2  3  4  5  6                     1  2  3                     1  2  3         1  2  3  4  5  6  7               1  2  3  4  5                        1  2
 7  8  9 10 11 12 13         4  5  6  7  8  9 10         4  5  6  7  8  9 10         8  9 10 11 12 13 14         6  7  8  9 10 11 12         3  4  5  6  7  8  9
14 15 16 17 18 19 20        11 12 13 14 15 16 17        11 12 13 14 15 16 17        15 16 17 18 19 20 21        13 14 15 16 17 18 19        10 11 12 13 14 15 16
21 22 23 24 25 26 27        18 19 20 21 22 23 24        18 19 20 21 22 23 24        22 23 24 25 26 27 28        20 21 22 23 24 25 26        17 18 19 20 21 22 23
28 29 30 31                 25 26 27 28                 25 26 27 28 29 30 31        29 30                       27 28 29 30 31              24 25 26 27 28 29 30

        July                       August                    September                    October                     November                    December
Mo Tu We Th Fr Sa Su        Mo Tu We Th Fr Sa Su        Mo Tu We Th Fr Sa Su        Mo Tu We Th Fr Sa Su        Mo Tu We Th Fr Sa Su        Mo Tu We Th Fr Sa Su
 1  2  3  4  5  6  7                  1  2  3  4                           1            1  2  3  4  5  6                     1  2  3                           1
 8  9 10 11 12 13 14         5  6  7  8  9 10 11         2  3  4  5  6  7  8         7  8  9 10 11 12 13         4  5  6  7  8  9 10         2  3  4  5  6  7  8
15 16 17 18 19 20 21        12 13 14 15 16 17 18         9 10 11 12 13 14 15        14 15 16 17 18 19 20        11 12 13 14 15 16 17         9 10 11 12 13 14 15
22 23 24 25 26 27 28        19 20 21 22 23 24 25        16 17 18 19 20 21 22        21 22 23 24 25 26 27        18 19 20 21 22 23 24        16 17 18 19 20 21 22
29 30 31                    26 27 28 29 30 31           23 24 25 26 27 28 29        28 29 30 31                 25 26 27 28 29 30           23 24 25 26 27 28 29
                                                        30                                                                                  30 31
```

图 16.4 2019 年日历

快学快用 2　获取指定年份的日历

使用 calendar() 方法获 2020 年的日历，并写入到 calender.txt 文本文件中。代码如下：

```python
import calendar                                     # 导入日历模块
data = calendar.calendar(2020,w=2,l=1,c=8,m=6)     # 获取2020年日历
# 写入到文本文件
with open('calendar.txt','w') as f:
    f.write(data)
```

输出结果如图 16.5 所示。

```
calendar.txt
                                                                  2020

      January                  February                  March                    April                     May                      June
Mo Tu We Th Fr Sa Su     Mo Tu We Th Fr Sa Su     Mo Tu We Th Fr Sa Su     Mo Tu We Th Fr Sa Su     Mo Tu We Th Fr Sa Su     Mo Tu We Th Fr Sa Su
       1  2  3  4  5                     1  2                        1            1  2  3  4  5                  1  2  3      1  2  3  4  5  6  7
 6  7  8  9 10 11 12      3  4  5  6  7  8  9      2  3  4  5  6  7  8      6  7  8  9 10 11 12      4  5  6  7  8  9 10      8  9 10 11 12 13 14
13 14 15 16 17 18 19     10 11 12 13 14 15 16      9 10 11 12 13 14 15     13 14 15 16 17 18 19     11 12 13 14 15 16 17     15 16 17 18 19 20 21
20 21 22 23 24 25 26     17 18 19 20 21 22 23     16 17 18 19 20 21 22     20 21 22 23 24 25 26     18 19 20 21 22 23 24     22 23 24 25 26 27 28
27 28 29 30 31           24 25 26 27 28 29        23 24 25 26 27 28 29     27 28 29 30              25 26 27 28 29 30 31     29 30
                                                  30 31

        July                    August                 September                 October                  November                 December
Mo Tu We Th Fr Sa Su     Mo Tu We Th Fr Sa Su     Mo Tu We Th Fr Sa Su     Mo Tu We Th Fr Sa Su     Mo Tu We Th Fr Sa Su     Mo Tu We Th Fr Sa Su
       1  2  3  4  5                     1  2         1  2  3  4  5  6               1  2  3  4                        1         1  2  3  4  5  6
 6  7  8  9 10 11 12      3  4  5  6  7  8  9      7  8  9 10 11 12 13      5  6  7  8  9 10 11      2  3  4  5  6  7  8      7  8  9 10 11 12 13
13 14 15 16 17 18 19     10 11 12 13 14 15 16     14 15 16 17 18 19 20     12 13 14 15 16 17 18      9 10 11 12 13 14 15     14 15 16 17 18 19 20
20 21 22 23 24 25 26     17 18 19 20 21 22 23     21 22 23 24 25 26 27     19 20 21 22 23 24 25     16 17 18 19 20 21 22     21 22 23 24 25 26 27
27 28 29 30 31           24 25 26 27 28 29 30     28 29 30                 26 27 28 29 30 31        23 24 25 26 27 28 29     28 29 30 31
                         31                                                                         30
```

图 16.5 2020 年日历存入文件

16.4 prcal() 方法——获取指定年份的日历

快用标签 prcal()

最常用 Calendar.prcal(year,w=0)，其中，year 为指定年份；w 为每日之间的宽度间隔。用于获取指定年份的日历。

```python
calendar.prcal(2019,w=2,l=1,c=8,m=4)          # 获取2019年日历【快】
```

➔ 语法

calendar 模块中的 prcal() 方法相当于 calendar() 方法，用于获取指定年份的日历，语法如下：

```python
Calendar.prcal(year,w=0,l=0,c=6,m=3)
```

参数说明：

- year：指定年份。
- w：表示每日之间的宽度间隔，默认为 0，最小宽度为 2。

- l：表示日期之间的行高度，默认为 0，至少占 1 行的高度。
- c：表示月份之间的间隔宽度，默认为 6，最小宽度为 2。
- m：表示一行显示几个月。
- 返回值：以多行字符串格式返回指定年份的日历。

➔ 应用

快学快用　获取指定年份的日历

使用 prcal() 方法获取 2019 年的日历，代码如下：

```
import calendar                                    # 导入日历模块
print(calendar.prcal(2019,w=2,l=1,c=8,m=4))        # 获取2019年日历
```

输出结果如图 16.6 所示。

```
                                          2019

       January                   February                  March                     April
Mo Tu We Th Fr Sa Su      Mo Tu We Th Fr Sa Su      Mo Tu We Th Fr Sa Su      Mo Tu We Th Fr Sa Su
    1  2  3  4  5  6                   1  2  3                   1  2  3       1  2  3  4  5  6  7
 7  8  9 10 11 12 13       4  5  6  7  8  9 10       4  5  6  7  8  9 10       8  9 10 11 12 13 14
14 15 16 17 18 19 20      11 12 13 14 15 16 17      11 12 13 14 15 16 17      15 16 17 18 19 20 21
21 22 23 24 25 26 27      18 19 20 21 22 23 24      18 19 20 21 22 23 24      22 23 24 25 26 27 28
28 29 30 31               25 26 27 28               25 26 27 28 29 30 31      29 30

        May                       June                      July                     August
Mo Tu We Th Fr Sa Su      Mo Tu We Th Fr Sa Su      Mo Tu We Th Fr Sa Su      Mo Tu We Th Fr Sa Su
       1  2  3  4  5                      1  2       1  2  3  4  5  6  7                1  2  3  4
 6  7  8  9 10 11 12       3  4  5  6  7  8  9       8  9 10 11 12 13 14       5  6  7  8  9 10 11
13 14 15 16 17 18 19      10 11 12 13 14 15 16      15 16 17 18 19 20 21      12 13 14 15 16 17 18
20 21 22 23 24 25 26      17 18 19 20 21 22 23      22 23 24 25 26 27 28      19 20 21 22 23 24 25
27 28 29 30 31            24 25 26 27 28 29 30      29 30 31                  26 27 28 29 30 31

      September                  October                   November                  December
Mo Tu We Th Fr Sa Su      Mo Tu We Th Fr Sa Su      Mo Tu We Th Fr Sa Su      Mo Tu We Th Fr Sa Su
                   1          1  2  3  4  5  6                   1  2  3                         1
 2  3  4  5  6  7  8       7  8  9 10 11 12 13       4  5  6  7  8  9 10       2  3  4  5  6  7  8
 9 10 11 12 13 14 15      14 15 16 17 18 19 20      11 12 13 14 15 16 17       9 10 11 12 13 14 15
16 17 18 19 20 21 22      21 22 23 24 25 26 27      18 19 20 21 22 23 24      16 17 18 19 20 21 22
23 24 25 26 27 28 29      28 29 30 31               25 26 27 28 29 30         23 24 25 26 27 28 29
30                                                                            30 31
None
```

图 16.6 2019 年的日历

16.5 prmonth() 方法——获取指定月份的日历

快用标签　prmonth()

最常用 Calendar.prmonth(year,month)，其中，year 为指定年份；month 为指定月份。用于获取指定月份的日历。

```
calendar.prmonth(2019,8,w=5,l=1)                    # 获取2019年8月份的日历【快】
```

➔ 语法

calendar 模块中的 prmonth() 方法相当于 month() 方法，用于获取指定月份的日历，语法如下：

```
Calendar.prmonth(year,month,w=0,l=0)
```

参数说明：

- year：指定年份。
- month：指定月份。
- w：表示每日之间的宽度间隔，默认为 0，最小宽度为 2。
- l：表示日期之间的行高度，默认为 0，至少占 1 行的高度。
- 返回值：返回指定月份的日历。

➔ 应用

快学快用 获取指定月份的日历

使用 prmonth() 方法打印 2019 年 8 月份的日历，代码如下：

```
import calendar                                    # 导入日历模块
print(calendar.prmonth(2019,8,w=5,l=1))            # 获取2019年8月份的日历
```

输出结果如图 16.7 所示。

```
             August 2019
 Mon   Tue   Wed   Thu   Fri   Sat   Sun
                     1     2     3     4
   5     6     7     8     9    10    11
  12    13    14    15    16    17    18
  19    20    21    22    23    24    25
  26    27    28    29    30    31
None
```

图 16.7 2019 年 8 月份的日历

16.6 month() 方法——获取指定月份的日历

快用标签 month()

最常用 Calendar.month(year,month)，其中，year 为指定年份；month 为指定月份。用于获取指定月份的日历。

关键代码段

```
calendar.month(2019,9)              # 获取2019年9月份的日历【快1】
calendar.month(2019,8,w=5,l=2)      # 获取2019年8月份的日历【快2】
```

语法

calendar 模块中的 month() 方法用于获取指定月份的日历，语法如下：

```
Calendar.month(year,month,w=0,l=0)
```

参数说明：

- year：指定年份。
- month：指定月份。
- w：表示每日之间的宽度间隔，默认为 0，最小宽度为 2。
- l：表示日期之间的行高度，默认为 0，至少占 1 行的高度。
- 返回值：指定月份的日历。

应用

快学快用 1　打印某年中指定月份的日历

使用 month() 方法打印 2019 年 9 月份的日历，代码如下：

```
import calendar                     # 导入日历模块
print(calendar.month(2019,9))       # 获取2019年9月份的日历
```

输出结果如图 16.8 所示。

```
   September 2019
Mo Tu We Th Fr Sa Su
                   1
 2  3  4  5  6  7  8
 9 10 11 12 13 14 15
16 17 18 19 20 21 22
23 24 25 26 27 28 29
30
```

图 16.8 2019 年 9 月份日历

快学快用 2 通过指定显示位置的参数打印指定月份的日历

设置日历宽度间隔为 5、高度间隔为 2，然后再打印指定月份的日历。代码如下：

```
import calendar                              # 导入日历模块
print(calendar.month(2019,8,w=5,l=2))        # 获取2019年8月份的日历
```

输出结果如图 16.9 所示。

```
                August 2019

 Mon    Tue    Wed    Thu    Fri    Sat    Sun

                        1      2      3      4

   5      6      7      8      9     10     11

  12     13     14     15     16     17     18

  19     20     21     22     23     24     25

  26     27     28     29     30     31
```

图 16.9 指定间隔位置的月份日历

16.7 formatmonth() 方法——将指定月份的日历以 HTML 表格方式返回

快用标签 formatmonth() HTMLCalendar()

最常用 HTMLCalendar.formatmonth(theyear, themonth)，其中，theyear 为年份；themonth 表示月份。用于返回指定月份日历的 HTML 表格。

```
print(htmlcalendar_object.formatmonth(2019,8)) # 打印2019年8月份日历对应的HTML表格代码【快】
```

➔ 语法

HTMLCalendar 类中的 formatmonth() 方法用于返回指定月份日历的 HTML 表格。语法如下：

```
HTMLCalendar对象名.formatmonth(theyear, themonth, withyear=True)
```

参数说明：

❖ theyear：表示年份。

❖ themonth：表示月份。

❖ withyear：当此参数为 True 时，年份将显示在返回的 HTML 表格的标题中；否则将仅显示月份。默认为 True。

❖ 返回值：将指定月份的日历以 HTML 表格代码的方式返回。

➔ 应用

快学快用　获取指定月份日历对应的 HTML 表格代码

使用 formatmonth() 方法获取 2019 年 8 月份日历对应的 HTML 表格代码。代码如下：

```
from calendar import HTMLCalendar                 # 导入日历模块中的HTMLCalendar类
htmlcalendar_object = HTMLCalendar()              # 创建HTMLCalendar对象
print(htmlcalendar_object.formatmonth(2019,8))    # 打印2019年8月份日历对应的HTML表格代码
```

输出结果如图 16.10 所示。

```
<table border="0" cellpadding="0" cellspacing="0" class="month">
<tr><th colspan="7" class="month">August 2019</th></tr>
<tr><th class="mon">Mon</th><th class="tue">Tue</th><th class="wed">Wed</th><th class="thu">Thu</th><th class="fri">Fri</th><th class="sat">Sat</th><th class="sun">Sun</th></tr>
<tr><td class="noday"> </td><td class="noday"> </td><td class="noday"> </td><td class="thu">1</td><td class="fri">2</td><td class="sat">3</td><td class="sun">4</td></tr>
<tr><td class="mon">5</td><td class="tue">6</td><td class="wed">7</td><td class="thu">8</td><td class="fri">9</td><td class="sat">10</td><td class="sun">11</td></tr>
<tr><td class="mon">12</td><td class="tue">13</td><td class="wed">14</td><td class="thu">15</td><td class="fri">16</td><td class="sat">17</td><td class="sun">18</td></tr>
<tr><td class="mon">19</td><td class="tue">20</td><td class="wed">21</td><td class="thu">22</td><td class="fri">23</td><td class="sat">24</td><td class="sun">25</td></tr>
<tr><td class="mon">26</td><td class="tue">27</td><td class="wed">28</td><td class="thu">29</td><td class="fri">30</td><td class="sat">31</td><td class="noday"> </td></tr>
</table>
```

图 16.10 2019 年 8 月份日历对应的 HTML 表格

16.8 formatyear() 方法——将指定年份的日历以 HTML 表格方式返回

快用标签　formatyear()　HTMLCalendar()

最常用 HTMLCalendar.formatyear(theyear,width=3)，其中，theyear 为年份；width 默认值为 3，表示年份日历的 HTML 表格以三个月为 1 行共四行进行显示。用于返回指定年份日历的 HTML 表格。

关键代码段

```
print(htmlcalendar_object.formatyear(2019))          # 打印2019年日历对应的HTML表格代码【快1】
calendar_html = htmlcalendar_object.formatyear(int(year))  # 获取指定年份的HTML代码【快2】
html = htmlcalendar_object.formatyear(2020)          # 获取指定年份的HTML代码【快3】
```

➔ 语法

HTMLCalendar 类中的 formatyear() 方法用于返回指定年份日历的 HTML 表格。语法如下：

```
HTMLCalendar对象名.formatyear(theyear,width=3)
```

参数说明：

- theyear：表示年份。
- width：默认值为 3，表示年份日历的 HTML 表格以三个月为一行，共四行进行显示。
- 返回值：将指定年份的日历以 HTML 表格代码的方式返回。

➔ 应用

快学快用 1　获取指定年份日历对应的 HTML 表格代码

使用 formatyear() 方法获取 2019 年日历对应的 HTML 表格代码。代码如下：

```
from calendar import HTMLCalendar                 # 导入日历模块中的HTMLCalendar类
htmlcalendar_object = HTMLCalendar()              # 创建HTMLCalendar对象
print(htmlcalendar_object.formatyear(2019))       # 打印2019年日历对应的HTML表格代码
```

输出结果如图 16.11 所示。

```
<table border="0" cellpadding="0" cellspacing="0" class="year">
<tr><th colspan="3" class="year">2019</th></tr><tr><td><table border="0" cellpadding="0" cellspacing="0" class="month">
<tr><th colspan="7" class="month">January</th></tr>
<tr><th class="mon">Mon</th><th class="tue">Tue</th><th class="wed">Wed</th><th class="thu">Thu</th><th class="fri">Fri</th><th class="sat">Sat</th><th class="sun">Sun</th></tr>
<tr><td class="noday"> </td><td class="tue">1</td><td class="wed">2</td><td class="thu">3</td><td class="fri">4</td><td class="sat">5</td><td class="sun">6</td></tr>
<tr><td class="mon">7</td><td class="tue">8</td><td class="wed">9</td><td class="thu">10</td><td class="fri">11</td><td class="sat">12</td><td class="sun">13</td></tr>
<tr><td class="mon">14</td><td class="tue">15</td><td class="wed">16</td><td class="thu">17</td><td class="fri">18</td><td class="sat">19</td><td class="sun">20</td></tr>
<tr><td class="mon">21</td><td class="tue">22</td><td class="wed">23</td><td class="thu">24</td><td class="fri">25</td><td class="sat">26</td><td class="sun">27</td></tr>
<tr><td class="mon">28</td><td class="tue">29</td><td class="wed">30</td><td class="thu">31</td><td class="noday"> </td><td class="noday"> </td><td class="noday"> </td></tr>
</table>
</td><td><table border="0" cellpadding="0" cellspacing="0" class="month">
<tr><th colspan="7" class="month">February</th></tr>
<tr><th class="mon">Mon</th><th class="tue">Tue</th><th class="wed">Wed</th><th class="thu">Thu</th><th class="fri">Fri</th><th class="sat">Sat</th><th class="sun">Sun</th></tr>
<tr><td class="noday"> </td><td class="noday"> </td><td class="noday"> </td><td class="noday"> </td><td class="fri">1</td><td class="sat">2</td><td class="sun">3</td></tr>
<tr><td class="mon">4</td><td class="tue">5</td><td class="wed">6</td><td class="thu">7</td><td class="fri">8</td><td class="sat">9</td><td class="sun">10</td></tr>
<tr><td class="mon">11</td><td class="tue">12</td><td class="wed">13</td><td class="thu">14</td><td class="fri">15</td><td class="sat">16</td><td class="sun">17</td></tr>
<tr><td class="mon">18</td><td class="tue">19</td><td class="wed">20</td><td class="thu">21</td><td class="fri">22</td><td class="sat">23</td><td class="sun">24</td></tr>
<tr><td class="mon">25</td><td class="tue">26</td><td class="wed">27</td><td class="thu">28</td><td class="noday"> </td><td class="noday"> </td><td class="noday"> </td></tr>
</table>
</td><td><table border="0" cellpadding="0" cellspacing="0" class="month">
<tr><th colspan="7" class="month">March</th></tr>
<tr><th class="mon">Mon</th><th class="tue">Tue</th><th class="wed">Wed</th><th class="thu">Thu</th><th class="fri">Fri</th><th class="sat">Sat</th><th class="sun">Sun</th></tr>
<tr><td class="noday"> </td><td class="noday"> </td><td class="noday"> </td><td class="noday"> </td><td class="fri">1</td><td class="sat">2</td><td class="sun">3</td></tr>
<tr><td class="mon">4</td><td class="tue">5</td><td class="wed">6</td><td class="thu">7</td><td class="fri">8</td><td class="sat">9</td><td class="sun">10</td></tr>
<tr><td class="mon">11</td><td class="tue">12</td><td class="wed">13</td><td class="thu">14</td><td class="fri">15</td><td class="sat">16</td><td class="sun">17</td></tr>
<tr><td class="mon">18</td><td class="tue">19</td><td class="wed">20</td><td class="thu">21</td><td class="fri">22</td><td class="sat">23</td><td class="sun">24</td></tr>
<tr><td class="mon">25</td><td class="tue">26</td><td class="wed">27</td><td class="thu">28</td><td class="fri">29</td><td class="sat">30</td><td class="sun">31</td></tr>
</table>
……此处省略
```

图 16.11 2019 年日历对应的 HTML 表格

快学快用 2　将指定年份日历的 HTML 代码写入 HTML 文件

获取用户输入年份的 HTML 代码，然后将这些代码写入 HTML 文件当中。代码如下：

```
from calendar import HTMLCalendar                      # 导入日历模块中的HTMLCalendar类
year = input('请输入指定年份！')                          # 获取输入的年份
htmlcalendar_object = HTMLCalendar()                    # 创建HTMLCalendar对象
calendar_html = htmlcalendar_object.formatyear(int(year))      # 获取指定年份的HTML代码
html = open(year+'年'+'.html','w')                              # 写入模式
html.write(calendar_html)                                       # 写入
html.close()                                                    # 关闭
```

程序运行后输入指定年份，文件目录下将自动生成 ×× 年 .HTML 文件，使用浏览器打开该文件将显示如图 16.12 所示的日历内容。

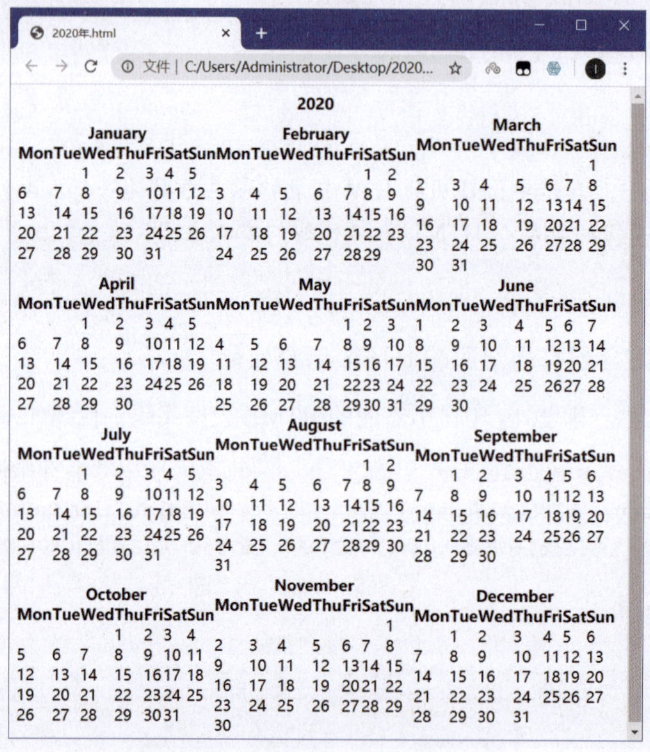

图 16.12　打开指定年份的 HTML 文件

快学快用 3　获取指定年份中某个标签下的 HTML 代码

在实现获取指定年份中某个标签下的 HTML 代码时，首先需要对 HTML 代码进行解析，然后获取指定标签中的内容即可。代码如下：

```
from calendar import HTMLCalendar                      # 导入日历模块中的HTMLCalendar类
from bs4 import BeautifulSoup                           # 导入HTML解析模块
htmlcalendar_object = HTMLCalendar()                    # 创建HTMLCalendar对象
```

```
html = htmlcalendar_object.formatyear(2020)        # 获取指定年份的HTML代码
bs = BeautifulSoup(html,"html.parser")             # 解析HTML
table_all = bs.find_all('table')                   # 获取所有的table标签
print(table_all[5])                                # 打印5月份所对应的标签内容
```

输出结果如图 16.13 所示。

```
<table border="0" cellpadding="0" cellspacing="0" class="month">
<tr><th class="month" colspan="7">May</th></tr>
<tr><th class="mon">Mon</th><th class="tue">Tue</th><th class="wed">Wed</th><th
 class="thu">Thu</th><th class="fri">Fri</th><th class="sat">Sat</th><th class="sun">Sun</th></tr>
<tr><td class="noday"> </td><td class="noday"> </td><td class="noday"> </td><td
 class="noday"> </td><td class="fri">1</td><td class="sat">2</td><td class="sun">3</td></tr>
<tr><td class="mon">4</td><td class="tue">5</td><td class="wed">6</td><td class="thu">7</td><td
 class="fri">8</td><td class="sat">9</td><td class="sun">10</td></tr>
<tr><td class="mon">11</td><td class="tue">12</td><td class="wed">13</td><td
 class="thu">14</td><td class="fri">15</td><td class="sat">16</td><td class="sun">17</td></tr>
<tr><td class="mon">18</td><td class="tue">19</td><td class="wed">20</td><td
 class="thu">21</td><td class="fri">22</td><td class="sat">23</td><td class="sun">24</td></tr>
<tr><td class="mon">25</td><td class="tue">26</td><td class="wed">27</td><td
 class="thu">28</td><td class="fri">29</td><td class="sat">30</td><td class="sun">31</td></tr>
</table>
```

图 16.13 5 月份所对应的标签内容

16.9 formatyearpage() 方法——将指定年份日历完整的 HTML 页面以字节类型返回

快用标签 formatyearpage() HTMLCalendar()

最常用 HTMLCalendar.formatyearpage(theyear,width=3)，其中，theyear 为年份；width 默认值为 3，表示年份日历的 HTML 表格以三个月为一行，共四行进行显示。用于返回指定年份日历完整的 HTML 页面。

关键代码段

```
htmlcalendar_object.formatyearpage(2019)          # 获取字节类型的HTML页面代码【快】
```

➔ 语法

HTMLCalendar 类中的 formatyearpage() 方法用于返回指定年份日历完整的 HTML 页面，该页面代码为字节类型。语法如下：

```
HTMLCalendar对象名.formatyearpage(theyear, width=3, css='calendar.css', encoding=None)
```

参数说明：

- ❖ theyear：表示年份。
- ❖ width：默认值为 3，表示年份日历的 HTML 页面中以三个月为一行，共四行进行显示。
- ❖ css：表示指定 css 样式的名称。
- ❖ encoding：表示编码方式，默认为系统编码。
- ❖ 返回值：返回指定年份日历完整的 HTML 页面，该页面代码为字节类型。

➔ 应用

快学快用　获取指定年份日历完整的 HTML 页面代码

使用 formatyearpage() 方法获取 2019 年日历完整的 HTML 页面代码，代码如下：

```
from calendar import HTMLCalendar                         # 导入日历模块中的HTMLCalendar类
htmlcalendar_object = HTMLCalendar()                      # 创建HTMLCalendar对象
html_bytes = htmlcalendar_object.formatyearpage(2019)     # 获取字节类型的HTML页面代码
print(html_bytes.decode(encoding='utf-8'))                # 打印2019年日历对应的HTML页面代码
```

输出结果如图 16.14 所示。

```
<?xml version="1.0" encoding="utf-8"?>
<!DOCTYPE html PUBLIC "-//W3C//DTD XHTML 1.0 Strict//EN" "http://www.w3.org/TR/xhtml1/DTD/xhtml1-strict.dtd">
<html>
<head>
<meta http-equiv="Content-Type" content="text/html; charset=utf-8" />
<link rel="stylesheet" type="text/css" href="calendar.css" />
<title>Calendar for 2019</title>
</head>
<body>
<table border="0" cellpadding="0" cellspacing="0" class="year">
<tr><th colspan="3" class="year">2019</th></tr><tr><td><table border="0" cellpadding="0" cellspacing="0" class="month">
<tr><th colspan="7" class="month">January</th></tr>
<tr><th class="mon">Mon</th><th class="tue">Tue</th><th class="wed">Wed</th><th class="thu">Thu</th><th class="fri">Fri</th><th class="sat">Sat</th><th class="sun">Sun</th></tr>
<tr><td class="noday"> </td><td class="tue">1</td><td class="wed">2</td><td class="thu">3</td><td class="fri">4</td><td class="sat">5</td><td class="sun">6</td></tr>
<tr><td class="mon">7</td><td class="tue">8</td><td class="wed">9</td><td class="thu">10</td><td class="fri">11</td><td class="sat">12</td><td class="sun">13</td></tr>
<tr><td class="mon">14</td><td class="tue">15</td><td class="wed">16</td><td class="thu">17</td><td class="fri">18</td><td class="sat">19</td><td class="sun">20</td></tr>
<tr><td class="mon">21</td><td class="tue">22</td><td class="wed">23</td><td class="thu">24</td><td class="fri">25</td><td class="sat">26</td><td class="sun">27</td></tr>
<tr><td class="mon">28</td><td class="tue">29</td><td class="wed">30</td><td class="thu">31</td><td class="noday"> </td><td class="noday"> </td><td class="noday"> </td></tr>
</table>
```

……此处省略剩下的 HTML 代码

图 16.14 2019 年日历完整的 HTML 页面代码

16.10 formatmonth() 方法——获取指定月份字符串类型的日历

快用标签　formatmonth()　TextCalendar()

最常用　TextCalendar.formatyearpage(theyear,themonth)，其中，theyear 为年份；themonth 为指定月份。用于获取指定月份中字符类型的日历。

```
textcalendar_object.formatmonth(2019,8)          # 打印2019年8月份字符类型的日历【快】
```

➔ 语法

TextCalendar 类中的 formatmonth() 方法用于获取指定月份中字符类型的日历。语法如下：

```
TextCalendar对象名.formatmonth(theyear, themonth, w=0, l=0)
```

参数说明：

- theyear：指定年份。
- themonth：指定月份。
- w：用于设置日历中每列日期的宽度。
- l：用于设置日历中每周所占用的行数。
- 返回值：返回以多行字符串形式所组成的月份日历。

➔ 应用

快学快用 获取指定月份字符串类型的日历

使用 formatmonth() 方法获取 2019 年 8 月份的字符类型日历。代码如下：

```
from calendar import TextCalendar                       # 导入日历模块中TextCalendar类
textcalendar_object = TextCalendar()                    # 创建TextCalendar对象
print(textcalendar_object.formatmonth(2019,8))          # 打印2019年8月份字符类型的日历
```

输出结果如图 16.15 所示。

```
    August 2019
Mo Tu We Th Fr Sa Su
          1  2  3  4
 5  6  7  8  9 10 11
12 13 14 15 16 17 18
19 20 21 22 23 24 25
26 27 28 29 30 31
```

图 16.15 2019 年 8 月份的字符类型日历

16.11 formatyear() 方法——获取指定年份字符串类型的日历

快用标签 formatyear() TextCalendar()

最常用 TextCalendar.formatyear(theyear,w)，其中，theyear 为年份；w 设置日历中每列日期的宽度。

关键代码段

```
textcalendar_object.formatyear(2019,m=6)    # 打印2019年中所有月份的字符类型日历【快1】
textcalendar=textcalendar_object.formatyear(int(year),m=6)   #【快2】
```

语法

TextCalendar 类中的 formatyear() 方法用于获取指定年份中字符串类型的日历。语法如下：

```
TextCalendar对象名.formatyear(theyear, w = 2, l = 1, c = 6, m = 3 )
```

参数说明：

- theyear：指定年份。
- w：用于设置日历中每列日期的宽度。
- l：用于设置日历中每周所占用的行数。
- c：用于设置每个月份日历之间的横向距离。
- m：用于设置一行显示几个月份日历。
- 返回值：返回以多行字符串形式表示一年中所有月份的日历。

应用

快学快用 1　获取指定年份字符串类型的日历

使用 formatyear() 方法获取 2019 年中所有月份字符类型的日历。代码如下：

```
from calendar import TextCalendar                     # 导入日历模块中TextCalendar类
textcalendar_object = TextCalendar()                  # 创建TextCalendar对象
print(textcalendar_object.formatyear(2019,m=6))       # 打印2019年中所有月份的字符类型日历
```

输出结果如图 16.16 所示。

```
                                                              2019

      January                   February                   March                     April                      May                       June
Mo Tu We Th Fr Sa Su      Mo Tu We Th Fr Sa Su      Mo Tu We Th Fr Sa Su      Mo Tu We Th Fr Sa Su      Mo Tu We Th Fr Sa Su      Mo Tu We Th Fr Sa Su
    1  2  3  4  5  6                   1  2  3                   1  2  3       1  2  3  4  5  6  7             1  2  3  4  5                      1  2
 7  8  9 10 11 12 13       4  5  6  7  8  9 10       4  5  6  7  8  9 10       8  9 10 11 12 13 14       6  7  8  9 10 11 12       3  4  5  6  7  8  9
14 15 16 17 18 19 20      11 12 13 14 15 16 17      11 12 13 14 15 16 17      15 16 17 18 19 20 21      13 14 15 16 17 18 19      10 11 12 13 14 15 16
21 22 23 24 25 26 27      18 19 20 21 22 23 24      18 19 20 21 22 23 24      22 23 24 25 26 27 28      20 21 22 23 24 25 26      17 18 19 20 21 22 23
28 29 30 31               25 26 27 28               25 26 27 28 29 30 31      29 30                     27 28 29 30 31            24 25 26 27 28 29 30

        July                     August                  September                  October                   November                  December
Mo Tu We Th Fr Sa Su      Mo Tu We Th Fr Sa Su      Mo Tu We Th Fr Sa Su      Mo Tu We Th Fr Sa Su      Mo Tu We Th Fr Sa Su      Mo Tu We Th Fr Sa Su
 1  2  3  4  5  6  7                1  2  3  4                         1          1  2  3  4  5  6                   1  2  3                         1
 8  9 10 11 12 13 14       5  6  7  8  9 10 11       2  3  4  5  6  7  8       7  8  9 10 11 12 13       4  5  6  7  8  9 10       2  3  4  5  6  7  8
15 16 17 18 19 20 21      12 13 14 15 16 17 18       9 10 11 12 13 14 15      14 15 16 17 18 19 20      11 12 13 14 15 16 17       9 10 11 12 13 14 15
22 23 24 25 26 27 28      19 20 21 22 23 24 25      16 17 18 19 20 21 22      21 22 23 24 25 26 27      18 19 20 21 22 23 24      16 17 18 19 20 21 22
29 30 31                  26 27 28 29 30 31         23 24 25 26 27 28 29      28 29 30 31               25 26 27 28 29 30         23 24 25 26 27 28 29
                                                    30                                                                          30 31
```

图 16.16 2019 年中所有月份的字符类型日历

快学快用 2 将用户查询的字符串日历写入 .txt 文件中

由于 TextCalendar 类中的 formatyear() 方法可以返回指定年份字符串类型的日历，所以只需要通过 open() 函数直接将字符串类型的日历信息写入对应的 .txt 文件即可。代码如下：

```
from calendar import TextCalendar                    # 导入日历模块中TextCalendar类
year = input('请输入需要查询的年份！')
if year.isdigit():
    textcalendar_object = TextCalendar()             # 创建TextCalendar对象
    # 获取指定年中所有月份的字符类型日历
    textcalendar=textcalendar_object.formatyear(int(year),m=6)
    file = open('textcalendar.txt','w')              # 写入模式
    file.write(textcalendar)                         # 将日历字符串写入文件
    file.close()                                     # 关闭
```

当输入“2020”时，python 文件的同级目录下将自动生成 textcalendar.txt 文件，在 PyCharm 中打开该文件将显示如图 16.17 所示的信息。

```
                                                                        2020

      January                   February                   March                     April                      May                       June
Mo Tu We Th Fr Sa Su      Mo Tu We Th Fr Sa Su      Mo Tu We Th Fr Sa Su      Mo Tu We Th Fr Sa Su      Mo Tu We Th Fr Sa Su      Mo Tu We Th Fr Sa Su
       1  2  3  4  5                      1  2                         1             1  2  3  4  5                   1  2  3       1  2  3  4  5  6  7
 6  7  8  9 10 11 12       3  4  5  6  7  8  9       2  3  4  5  6  7  8       6  7  8  9 10 11 12       4  5  6  7  8  9 10       8  9 10 11 12 13 14
13 14 15 16 17 18 19      10 11 12 13 14 15 16       9 10 11 12 13 14 15      13 14 15 16 17 18 19      11 12 13 14 15 16 17      15 16 17 18 19 20 21
20 21 22 23 24 25 26      17 18 19 20 21 22 23      16 17 18 19 20 21 22      20 21 22 23 24 25 26      18 19 20 21 22 23 24      22 23 24 25 26 27 28
27 28 29 30 31            24 25 26 27 28 29         23 24 25 26 27 28 29      27 28 29 30               25 26 27 28 29 30 31      29 30
                                                    30 31

        July                     August                  September                  October                   November                  December
Mo Tu We Th Fr Sa Su      Mo Tu We Th Fr Sa Su      Mo Tu We Th Fr Sa Su      Mo Tu We Th Fr Sa Su      Mo Tu We Th Fr Sa Su      Mo Tu We Th Fr Sa Su
       1  2  3  4  5                      1  2          1  2  3  4  5  6                1  2  3  4                         1          1  2  3  4  5  6
 6  7  8  9 10 11 12       3  4  5  6  7  8  9       7  8  9 10 11 12 13       5  6  7  8  9 10 11       2  3  4  5  6  7  8       7  8  9 10 11 12 13
13 14 15 16 17 18 19      10 11 12 13 14 15 16      14 15 16 17 18 19 20      12 13 14 15 16 17 18       9 10 11 12 13 14 15      14 15 16 17 18 19 20
20 21 22 23 24 25 26      17 18 19 20 21 22 23      21 22 23 24 25 26 27      19 20 21 22 23 24 25      16 17 18 19 20 21 22      21 22 23 24 25 26 27
27 28 29 30 31            24 25 26 27 28 29 30      28 29 30                  26 27 28 29 30 31         23 24 25 26 27 28 29      28 29 30 31
                          31                                                                            30
```

图 16.17 textcalendar.txt 文件内容

16.12 prmonth() 方法——打印指定月份的日历

快用标签 prmonth() TextCalendar()

最常用 TextCalendar.prmonth(theyear,themonth)，其中，theyear 为年份；themonth 为月份。用于打印指定月份的日历。

关 键 代 码 段

```
textcalendar_object.prmonth(2019,8)                        # 打印2019年8月份的日历【快1】
textcalendar_object.prmonth(2020,5,w=2,l=2)                # 打印2020年5月份的日历【快2】
textcalendar_object.prmonth(int(year), int(month))         # 打印指定年指定月份的日历【快3】
```

➔ 语法

TextCalendar 类中的 prmonth() 方法用于打印指定月份的日历。语法如下：

```
TextCalendar对象名.prmonth(theyear, themonth, w=0, l=0)
```

参数说明：

- ❖ theyear：指定年份。
- ❖ themonth：指定月份。
- ❖ w：用于设置日历中每列日期的宽度。
- ❖ l：用于设置日历中每周所占用的行数。

➔ 应用

快学快用 1　打印指定月份的日历

prmonth() 方法与 formatmonth() 方法类似，都可以获取指定月份的日历，但是 prmonth() 方法用于直接打印指定月份的日历。代码如下：

```
from calendar import TextCalendar                # 导入日历模块中TextCalendar类
textcalendar_object = TextCalendar()             # 创建TextCalendar对象
textcalendar_object.prmonth(2019,8)              # 打印2019年8月份的日历
```

输出结果如图 16.18 所示。

```
    August 2019
Mo Tu We Th Fr Sa Su
          1  2  3  4
 5  6  7  8  9 10 11
12 13 14 15 16 17 18
19 20 21 22 23 24 25
26 27 28 29 30 31
```

图 16.18 2019 年 8 月份的日历

快学快用 2　打印指定样式的月份日历

prmonth() 方法还提供了 w 参数与 l 参数分别用于设置日历中每周所占用的行数和每列日期的宽度。通过这两个参数可以简单的修改日历样式。代码如下：

```
from calendar import TextCalendar                    # 导入日历模块中TextCalendar类
textcalendar_object = TextCalendar()                 # 创建TextCalendar对象
textcalendar_object.prmonth(2020,5,w=2,l=2)          # 打印2020年5月份的日历
```

输出结果如图 16.19 所示。

```
        May 2020

Mo Tu We Th Fr Sa Su

             1  2  3

 4  5  6  7  8  9 10

11 12 13 14 15 16 17

18 19 20 21 22 23 24

25 26 27 28 29 30 31
```

图 16.19　指定样式的月份日历

快学快用 3　根据用户输入的年、月查询对应的日历

使用 input() 函数获取用户输入的年、月，然后判断用户输入的是否为数字、以及用户输入的月份是否合法。如果符合条件就根据用户输入的信息查询对应的日历。代码如下：

```
from calendar import TextCalendar                    # 导入日历模块中TextCalendar类
year = input('请输入需要查询的年份！')
month = input('请输入需要查询的月份！')
if year.isdigit() and month.isdigit():               # 判断是否为数字
    if int(month)>0 and int(month)<13:
        textcalendar_object = TextCalendar()         # 创建TextCalendar对象
        textcalendar_object.prmonth(int(year), int(month))  # 打印指定年指定月份的日历
    else:
        print('您输入的月份应该大于0小于13！')
else:
    print('请输入数字！')
```

当输入“2020”和“5”时，程序运行结果如图 16.20 所示。

```
请输入需要查询的年份！2020
请输入需要查询的月份！5
      May 2020
Mo Tu We Th Fr Sa Su
             1  2  3
 4  5  6  7  8  9 10
11 12 13 14 15 16 17
18 19 20 21 22 23 24
25 26 27 28 29 30 31
```

图 16.20　根据用户输入的年、月查询对应的日历

当用户输入内容不合法时，将显示如图 16.21 所示的提示信息。

```
请输入需要查询的年份！2020asd
请输入需要查询的月份！5
请输入数字！
```

```
请输入需要查询的年份！2020
请输入需要查询的月份！0
您输入的月份应该大于0小于13!
```

图 16.21 用户输入内容不合法时的提示信息

16.13 pryear() 方法——打印指定年中所有月份日历

快用标签 pryear()　TextCalendar()

最常用 TextCalendar.pryear(theyear,themonth)，其中，theyear 为年份；themonth 为月份。用于打印指定月份的日历。

关键代码段

```
textcalendar_object.pryear(2019,m=6)                # 打印2019年中所有月份的日历【快1】
textcalendar_object.pryear(2020,w=1,l=1,c=1,m=6)  # 打印2020年中所有月份的日历【快2】
```

➔ 语法

TextCalendar 类中的 pryear() 方法用于打印指定年中所有月份的日历。语法如下：

```
TextCalendar对象名.pryear(theyear, w=2, l=1, c=6, m=3)
```

参数说明：

- theyear：指定年份。
- w：用于设置日历中每列日期的宽度。
- l：用于设置日历中每周所占用的行数。
- c：用于设置每个月份日历之间的横向距离。
- m：用于设置一行显示几个月份日历。
- 返回值：返回指定年中所有月份日历。

➔ 应用

快学快用 1　打印指定年份中所有月份日历

使用 pryear() 方法获取 2019 年所有月份的日历，代码如下：

```python
from calendar import TextCalendar                    # 导入日历模块中TextCalendar类
textcalendar_object = TextCalendar()                 # 创建TextCalendar对象
textcalendar_object.pryear(2019,m=6)                 # 打印2019年中所有月份的日历
```

输出结果如图 16.22 所示。

```
                                                                         2019

      January                   February                   March                     April                      May                       June
Mo Tu We Th Fr Sa Su      Mo Tu We Th Fr Sa Su      Mo Tu We Th Fr Sa Su      Mo Tu We Th Fr Sa Su      Mo Tu We Th Fr Sa Su      Mo Tu We Th Fr Sa Su
    1  2  3  4  5  6                   1  2  3                   1  2  3       1  2  3  4  5  6  7             1  2  3  4  5                      1  2
 7  8  9 10 11 12 13       4  5  6  7  8  9 10       4  5  6  7  8  9 10       8  9 10 11 12 13 14       6  7  8  9 10 11 12       3  4  5  6  7  8  9
14 15 16 17 18 19 20      11 12 13 14 15 16 17      11 12 13 14 15 16 17      15 16 17 18 19 20 21      13 14 15 16 17 18 19      10 11 12 13 14 15 16
21 22 23 24 25 26 27      18 19 20 21 22 23 24      18 19 20 21 22 23 24      22 23 24 25 26 27 28      20 21 22 23 24 25 26      17 18 19 20 21 22 23
28 29 30 31               25 26 27 28               25 26 27 28 29 30 31      29 30                     27 28 29 30 31            24 25 26 27 28 29 30

        July                     August                  September                  October                  November                  December
Mo Tu We Th Fr Sa Su      Mo Tu We Th Fr Sa Su      Mo Tu We Th Fr Sa Su      Mo Tu We Th Fr Sa Su      Mo Tu We Th Fr Sa Su      Mo Tu We Th Fr Sa Su
 1  2  3  4  5  6  7                1  2  3  4                         1          1  2  3  4  5  6                   1  2  3                         1
 8  9 10 11 12 13 14       5  6  7  8  9 10 11       2  3  4  5  6  7  8       7  8  9 10 11 12 13       4  5  6  7  8  9 10       2  3  4  5  6  7  8
15 16 17 18 19 20 21      12 13 14 15 16 17 18       9 10 11 12 13 14 15      14 15 16 17 18 19 20      11 12 13 14 15 16 17       9 10 11 12 13 14 15
22 23 24 25 26 27 28      19 20 21 22 23 24 25      16 17 18 19 20 21 22      21 22 23 24 25 26 27      18 19 20 21 22 23 24      16 17 18 19 20 21 22
29 30 31                  26 27 28 29 30 31         23 24 25 26 27 28 29      28 29 30 31               25 26 27 28 29 30         23 24 25 26 27 28 29
                                                    30                                                                          30 31
```

图 16.22 2019 年中所有月份的日历

快学快用 2 打印指定样式的日历

如果需要打印的日历显示的紧凑一些，可以将 w、l、c 三个参数值设置为 1，然后将 m 参数值设置为 6，这样表示日历中每列日期的宽度为 1、每周所占用的行数为 1、每个月份日历之间的横向距离为 1、一行显示 6 个月份的日历。代码如下：

```python
from calendar import TextCalendar                        # 导入日历模块中TextCalendar类
textcalendar_object = TextCalendar()                     # 创建TextCalendar对象
textcalendar_object.pryear(2020,w=1,l=1,c=1,m=6)         # 打印2020年中所有月份的日历
```

输出结果如图 16.23 所示。

```
                                                               2020

      January               February               March                 April                  May                   June
Mo Tu We Th Fr Sa Su  Mo Tu We Th Fr Sa Su  Mo Tu We Th Fr Sa Su  Mo Tu We Th Fr Sa Su  Mo Tu We Th Fr Sa Su  Mo Tu We Th Fr Sa Su
       1  2  3  4  5                  1  2                     1         1  2  3  4  5               1  2  3   1  2  3  4  5  6  7
 6  7  8  9 10 11 12   3  4  5  6  7  8  9   2  3  4  5  6  7  8   6  7  8  9 10 11 12   4  5  6  7  8  9 10   8  9 10 11 12 13 14
13 14 15 16 17 18 19  10 11 12 13 14 15 16   9 10 11 12 13 14 15  13 14 15 16 17 18 19  11 12 13 14 15 16 17  15 16 17 18 19 20 21
20 21 22 23 24 25 26  17 18 19 20 21 22 23  16 17 18 19 20 21 22  20 21 22 23 24 25 26  18 19 20 21 22 23 24  22 23 24 25 26 27 28
27 28 29 30 31        24 25 26 27 28 29     23 24 25 26 27 28 29  27 28 29 30           25 26 27 28 29 30 31  29 30
                                            30 31

        July                 August              September              October               November              December
Mo Tu We Th Fr Sa Su  Mo Tu We Th Fr Sa Su  Mo Tu We Th Fr Sa Su  Mo Tu We Th Fr Sa Su  Mo Tu We Th Fr Sa Su  Mo Tu We Th Fr Sa Su
       1  2  3  4  5                  1  2      1  2  3  4  5  6            1  2  3  4                     1      1  2  3  4  5  6
 6  7  8  9 10 11 12   3  4  5  6  7  8  9   7  8  9 10 11 12 13   5  6  7  8  9 10 11   2  3  4  5  6  7  8   7  8  9 10 11 12 13
13 14 15 16 17 18 19  10 11 12 13 14 15 16  14 15 16 17 18 19 20  12 13 14 15 16 17 18   9 10 11 12 13 14 15  14 15 16 17 18 19 20
20 21 22 23 24 25 26  17 18 19 20 21 22 23  21 22 23 24 25 26 27  19 20 21 22 23 24 25  16 17 18 19 20 21 22  21 22 23 24 25 26 27
27 28 29 30 31        24 25 26 27 28 29 30  28 29 30              26 27 28 29 30 31     23 24 25 26 27 28 29  28 29 30 31
                      31                                                                30
```

图 16.23 打印紧凑样式的日历

附录

表 1　日期时间模块应用——日期时间对象与星期

项 目	语 法	关键代码段

获取当前本地日期时间对象	datetime.today()
	返回值：当前本地日期和时间（datetime 对象）
		import datetime # 导入模块，以下关键代码均基于该导入语句
		dt = datetime.datetime.today()　# 2020-05-27 08:31:12.563190
		type(dt)　# dt 的类型 <class 'datetime.datetime'>

	date.today() 返回值：当前的本地日期（date 对象）	dt = datetime.date.today()　# 2020-05-27 type(dt)　# dt 的类型 <class 'datetime.date'>
创建时间对象	datetime.time(hour=0, minute=0, second=0, microsecond=0, tzinfo=None, *, fold=0) hour：可选，表示小时，取值范围：[0, 23] minute：可选，表示分钟，取值范围：[0, 59] second：可选，表示秒，取值范围：[0, 59] microsecond：可选，表示微秒，取值范围：[0, 999999]	t = datetime.time(16,13,56,888)　# 时间对象 16:13:56.000888 datetime.time.max　# 最大时间单位 23:59:59.999999 datetime.time.min　# 最小时间单位 00:00:00 datetime.time.resolution　# 不同时间的最小单位 0:00:00.000001 t.tzinfo　# 没有指定时区参数时，返回 None t1 = datetime.time()　# 时间对象 00:00:00
获取时间对象	datetime 对象名 .time() 返回值：时间对象（time 对象）	dt = datetime.datetime.today()　# 获取当前日期时间 dt.time()　# 返回时间 10:07:30.657123 type(dt.time())　# 时间部分的类型 <class 'datetime.time>
创建日期对象	datetime.date(year,month,day) year：必选，年，取值范围：[1, 9999] month：必选，月，取值范围：[1, 12] day：必选，一个月中的第几天， 取值范围：[1, 根据 year 和 month 参数决定的最大值]	datetime.date(2020,8,1)　# 2020-08-01 d = datetime.date(2020,8,1)　# 创建日期对象 d.year　# 2020 d.month　# 8 d.day　# 1 datetime.date.min　# 日期最小值 0001-01-01 datetime.date.max　# 日期最大值 9999-12-31 datetime.date.resolution　# 日期最小单位 1 day, 0:00:00
获取日期对象	datetime 对象名 .date() 返回值：日期时间对象的日期部分（date 对象）	dt = datetime.datetime.today()　# 获取当前日期时间 dt.date()　# 日期部分 2020-05-27 type(dt.date())　# 日期部分的类型 <class 'datetime.date'>
将 date、time 对象合为 datetime 对象	datetime 对象名 .combine(date,time,tzinfo=self.tzinfo) date：必选，date 对象 time：必选，time 对象 返回值：合并后的 datetime 对象	d = datetime.date(2020,5,21)　# 创建日期对象 t = datetime.time(14,11)　# 创建时间对象 # 合并 datetime 对象 datetime.datetime.combine(d,t)　# 合并后 2020-05-21 14:11:00

将日期时间字符串转换为日期时间对象	datetime.strptime(date_string,format)
	date_string：需要指定的日期时间字符串
	format：指定日期时间字符串的格式
	返回值：datetime 对象
		dt = datetime.datetime.strptime('14/08/20 14:45', '%d/%m/%y %H:%M')
		dt　# 日期时间对象 2020-08-14 14:45:00
		# 日期时间对象 2020-05-28 14:45:20
		datetime.datetime.strptime('20-5-28 14:45:20', '%y-%m-%d %H:%M:%S')
		# 2020-05-28 00:00:00
		datetime.datetime.strptime('20-5-28', '%y-%m-%d')

续表

项 目	语 法	关键代码段

创建日期和时间对象	datetime.datetime(year, month, day, hour=0, minute=0, second=0, microsecond=0, tzinfo=None, *, fold=0)
	year：必选，年，取值范围：[1, 9999]
	month：必选，月，取值范围：[1, 12]
	day：必选，一月中第几天，
	取值范围：[1, 根据 year 和 month 参数决定的最大天数]
	hour：可选，小时，取值范围为 [0, 23]
	minute：可选，分钟，取值范围为 [0, 59]
	second：可选，秒，取值范围为 [0, 59]
	microsecond：可选，微秒，取值范围为 [0, 999999]
		# 创建日期时间对象 2020-05-29 10:11:30.000100
		dt = datetime.datetime(2020, 5, 29, hour=10, minute=11, second=30, microsecond=100)
		dt.year # 年 2020
		dt.month # 月 5
		dt.day # 日 29
		dt.hour # 时 10
		dt.minute # 分 11
		dt.second # 秒 30
		dt.microsecond # 微秒 100
		dt.tzinfo # 时区 None
		dt.max # 时间的最大值 9999-12-31 23:59:59.999999
		dt.min # 时间的最小值 0001-01-01 00:00:00
		dt.resolution # 时间最小单位 0:00:00.000001
		dt = datetime.datetime(2020, 5, 29) # 2020-05-29 00:00:00

返回指定天数的 date、datetime 对象	date.fromordinal(ordinal) ordinal：指定的天数 返回值：date 对象	# 365 天对应的日期对象 0001-12-31 datetime.date.fromordinal(365)
	datetime 对象名 .fromordinal(ordinal) ordinal：指定的天数 返回值：datetime 对象	days = datetime.date.today().toordinal() # 获取天数 datetime.datetime.fromordinal(days) # 2020-05-21 00:00:00

根据指定的字符串返回日期时间对象	datetime.fromisoformat(date_string)
	date_string：需要指定的日期时间字符串
	返回值：datetime 对象
		dt = datetime.datetime.now() # 获取当前的日期时间对象
		str_dt = dt.isoformat() # 获取日期时间字符串
		datetime.datetime.fromisoformat(str_dt) # 2020-05-27 14:21:59.944428

	date.fromisoformat（date_string）
	date_string：指定的字符串日期，其格式为 YYYY-MM-DD
	返回值：date 对象
		date_str = '2020-10-10' # 日期字符串
		df = datetime.date.fromisoformat(date_str) # 转换为日期对象
		df # 2020-10-10
		type(date_format) # <class 'datetime.date'>

	time.fromisoformat(time_string)
	time_string：指定的时间字符串
	返回值：time 对象
		# 获取时间字符串对应的时间对象
		t = datetime.time.fromisoformat(time_str)

获取指定日期的星期码	datetime 对象名.weekday()
	返回值：指定日期在一周内的序号，即星期几，其中 0 表示星期一，6 表示星期日
		dt = datetime.datetime.today() # 获取当前日期时间
		dt.weekday() # 星期对应的数字 2
		dt = datetime.datetime(2020,9,8) # datetime 对象
		dt.weekday() # 星期对应的星期码 1

	date 对象名 .weekday()
	返回值：指定日期对象的星期码，0 表示星期一，6 表示星期日
		d = datetime.date.today() # 获取当前日期
		d.weekday() # 星期对应的数字 2
		d = datetime.date(2020,8,13) # 创建 date 对象
		d.weekday() # 获取指定日期对应星期码 3

续表

项 目	语 法	关键代码段
返回当前日期为星期几	datetime 对象名.isoweekday() 返回当前日期一周内序号，星期一表示为 1	dt = datetime.datetime.today() # 获取当前日期时间 dt.isoweekday() # 当前日期对应的星期序号 3
	date 日期对象.isoweekday() 返回指定日期对象为星期几	d = datetime.date(2020,8,13) # 创建指定日期的 date 对象 d.isoweekday() # 星期 4

返回包含年份、周数、星期数的元组	datetime 对象名.isocalendar()
	返回包含年份、周数、星期数的元组
		dt = datetime.datetime.today() # 获取当前日期时间
		dt.isocalendar() # 日期的年份、周数、星期数的元组(2020, 22, 3)

	date 对象名 .isocalendar()
	返回包含年份、周数、星期数的元组
		d = datetime.date(2020,8,13) # 创建指定日期的 date 对象
		d.isocalendar() # (2020, 33, 4)

返回对应的结构化时间	datetime 对象名.timetuple()
	返回值：根据指定的 datetime 对象返回对应的结构化时间
		dt = datetime.datetime(2020,5,29,hour=10,minute=11,second=30,microsecond=100)
		dt.timetuple() # time.struct_time(tm_year=2020, tm_mon=5, tm_mday=29, tm_hour=10, tm_min=11, tm_sec=30, tm_wday=4, tm_yday=150, tm_isdst=-1)
		# 获取当前时间日期对象，并提取结构化时间
		struct02 = datetime.datetime.now().timetuple()

	date 对象名.timetuple()
	返回值：根据指定的 date 对象返回对应的结构化时间
		d = datetime.date(2020,5,28)
		d.timetuple()
		# 获取当前日期对象，并提取结构化时间
		struct02 = datetime.date.today().timetuple()

表 2 日期时间模块应用——日期格式化与替换

项 目	语 法	关键代码段

替换日期时间对象	datetime 对象名.replace(year=self.year, month=self.month, day=self.day, hour=self.hour, minute=self.minute, second=self.second,microsecond=self.microsecond, tzinfo=self.tzinfo, * fold=0)
	year：可选，需要替换的年份
	month：可选，需要替换的月份
	day：可选，需要替换的天（日）
	hour：可选，需要替换的小时
	minute：可选，需要替换的分钟
	second：可选，需要替换的秒
	返回值：替换后的 datetime 对象
		dt = datetime.datetime.today() # 获取当前日期时间
		# 替换原对象获取新对象
		new_dt = dt.replace(2020,12,25,22,15,38,888)
		dt # 原对象 2020-05-27 14:10:11.350384
		new_dt # 新对象 2020-12-25 22:15:38.000888
		id(dt) # 原对象 id 2069454363264
		id(new_dt) # 新对象 id 2069484880496
		# 创建 +4 时区对象
		plus_four = datetime.timezone(datetime.timedelta(hours=4))
		# 替换原对象，获取新对象
		new_dt = dt.replace(2020,12,25,22,15,38,888,tzinfo=plus_four)

	date 对象名.replace(year=self.year, month=self.month, day=self.day) year：需要替换的年份 month：需要替换的月份 day：需要替换的天（日） 返回值：替换后的 date 对象	d = datetime.date(2020,5,1) # 创建指定日期的 date 对象 d # 原 date 对象 2020-05-01 d.replace(2020,8,13) # 替换后的 date 对象 2020-08-13 id(d) # 原对象 id 2125130130672 id(d.replace(2020,8,13)) # 新对象 id 2125131381744

续表

项 目	语 法	关键代码段

替换日期时间对象	time 对象名.replace(hour=self.hour, minute=self.minute, second=self.second, microsecond=self.microsecond, tzinfo=self.tzinfo, *, fold=0)
	hour： 需要替换的小时
	minute： 需要替换的分钟
	second： 需要替换的秒
	返回值：替换后的 time 对象
		t = datetime.time(16,13,56,888) # 创建时间对象
		new_time = t.replace(16,28,40,567) # 替换时间对象
		t # 原对象 16:13:56.000888
		new_time # 新对象 16:28:40.000567
		t1 = datetime.time() # 创建一个时间属性为 0 的时间对象
		t1 # 替换前的 t1 00:00:00
		tt = (21, 30, 45, 99999) # 创建实例化时间对象所需的元组
		t2 = t1.replace(*tt) # 使用元组替换时间对象属性，记得加*号
		t1 # 替换后的 t1 00:00:00
		t2 # t2 21:30:45.099999

返回指定格式的日期时间字符串	datetime 对象名.strftime(format) format： 指定日期时间的格式	dt = datetime.datetime.today() # 获取当前日期时间 dt.strftime("%d-%m-%y %H:%M") # 27-05-20 13:18 dt.strftime("%d/%m/%y %H:%M") # 27/05/20 13:18 dt.strftime("%d %m %y %H:%M") # 27 05 20 13:18
	date 对象名 .strftime(format) format： 指定日期的格式	d = datetime.date(2020,5,20) # 创建指定日期的 date 对象 d.strftime('%Y-%m-%d %a %B') # 2020-05-20 Wed May

	time 对象名.strftime(format)
	format： 指定时间格式
		t = datetime.time(16,13,56,888) # 创建时间对象
		t # 16:13:56.000888
		t.strftime('%H') # 小时 16
		t.strftime('%H:%M') # 小时与分钟 16:13
		t.strftime('%H:%M:%S') # 小时、分钟、秒 16:13:56
		# 小时、分钟、秒、微妙 16:13:56.000888
		t.strftime('%H:%M:%S.%f')

	datetime 对象名.isoformat() 返回值：一个使用 ISO 8601 格式，表示 datetime 实例的日期和时间的字符串	dt = datetime.datetime.today() # 获取当前日期时间 dt.isoformat() # 日期时间对象的字符串 # 2020-05-27T14:26:48.867888
	date 对象名 .isoformat() 返回值：根据指定的日期对象获取指定格式的日期字符串	d = datetime.date(2020,5,20) # 创建指定日期的 date 对象 d.isoformat() # 日期字符串 type(date_object.isoformat()) # 类型为 <class 'str'>
	time 对象名.isoformat（timespec='auto'） hours： 格式为 HH，说明只显示小时 minutes： 格式为 HH:MM，说明只显示小时和分钟 seconds： 格式为 HH:MM:SS，说明只显示小时、分钟与秒 返回值：时间字符串	t = datetime.time(16,13,56,888) # 创建时间对象 t.isoformat() # 默认格式的时间字符串 16:13:56.000888 t.isoformat('hours') # 时 16 t.isoformat('minutes') # 分 16:13 t.isoformat('seconds') # 秒 16:13:56
返回日期时间字符串	date 对象名.ctime() 返回值：根据指定的日期对象获取指定格式的日期字符串	d = datetime.date(2020,8,13) # 指定日期的 date 对象 d.ctime() # 包含时间的日期字符串 Tue Aug 13 00:00:00 2020
	datetime 对象名.ctime() 返回值：一个代表日期和时间的字符串	dt = datetime.datetime.today() # 获取当前日期时间 dt # 当前的日期时间 2020-05-27 13:13:52.555884 dt.ctime() # 包含日期和时间的字符串 Wed May 27 13:13:52 2020

表 3 日期时间模块应用——时间差、时间戳、时区

项 目	语 法	关键代码段

返回自0001年01月01日开始至当前日期时间的天数	date.toordinal()
	返回自 0001 年 01 月 01 日开始至当前日期对象的天数
		d = datetime.date(2020,5,12) # 创建指定日期的 date 对象
		d.toordinal() # 自0001年01月01日至当前日期对象的天数737557
		d = datetime.date.today() # 当前日期
		d.toordinal() # 737572

	datetime 对象名.toordinal() 返回自 0001 年 01 月 01 日开始至当前日期时间的天数	dt = datetime.datetime.today() # 获取当前日期时间 dt.toordinal() # 自0001年01月01日至当前日期时间的天数737572

返回对象之间的时间间隔	datetime.timedelta(days=0, seconds=0, microseconds=0, milliseconds=0, minutes=0, hours=0, weeks=0)
	days：可选参数，天，
	取值范围为[-999999999, 999999999]
	seconds：可选，秒，
	取值范围为[0, 86399], 1 seconds = 1000 millisecond
	microseconds：可选，微秒，取值范围为[0, 999999]
	返回值：timedelta 对象
		# 最大时间差 999999999 days, 23:59:59.999999
		datetime.timedelta.max
		datetime.timedelta.min # 最小时间差 -999999999 days, 0:00:00
		datetime.timedelta.resolution # 时间的最小差值 0:00:00.000001
		td = datetime.timedelta(365,888,687411) # 创建 timedelta 对象
		td.days # 天 365
		td.seconds # 秒 888
		td.microseconds # 微秒 687411
		delta = datetime.timedelta(days = 1) # 1 day, 0:00:00

获取时间差中包含的总秒数	timedelta 对象名.total_seconds() 返回时间差中包含的总秒数	td = datetime.timedelta(365,888,687411) # 创建 timedelta 对象 td.total_seconds() # 时间差中的总秒数 31536888.687411

获取时间戳	datetime 对象名.timestamp()
	返回值：当前日期时间对象所对应的时间戳（float 类型）
		dt = datetime.datetime.today() # 获取当前日期时间
		dt.timestamp() # 当前日期时间的时间戳 1590550451.561364
		# 获取 POSIX 时间戳 1590663787.289983
		dt.replace(tzinfo=datetime.timezone.utc).timestamp()

根据给定的时间戳返回日期时间对象	datetime.fromtimestamp(timestamp, tz = None) timestamp：指定的时间戳 返回值：datetime 对象	t = time.time() # 获取当前时间戳 # 根据当前时间戳创建 datetime 对象 datetime.datetime.fromtimestamp(t) # 2020-05-27 15:15:25.063780
	date.fromtimestamp(timestamp) timestamp：指定的时间戳 返回值：date 对象	# 根据当前时间戳创建 date 对象 datetime.date.fromtimestamp(t) # 2020-05-27

相对于世界标准时间（UTC）的偏移量	datetime.timezone(offset, name=None)
	offset：必选，指定一个 timedelta 对象，表示本地时间与 UTC 的差值。必须严格限制在 -timedelta(hours=24) 和 timedelta(hours=24) 之间，否则会引发 ValueError 错误
		# 创建 -4 时区
		tz=datetime.timezone(datetime.timedelta(hours=-4))
		# -4 时区的时间对象
		t2=datetime.time(4,5,12,tzinfo=timezone_toronto)
		t2.tzname() # 4 时区的时间对象 UTC-04:00

返回带有时区信息的 datetime 对象	datetime 对象名.astimezone() 返回一个带有时区信息的 datetime 对象	dt=datetime.datetime.today() # 获取当前本地日期时间 # 带有时区信息的 datetime 对象 dt.astimezone() # 2020-05-27 16:39:21.122230+08:00

让编程更简单

Make programming easier

www.mingrisoft.com

让编程更简单

Make programming easier

www.mingrisoft.com